_____ 님의 소중한 미래를 위해
이 책을 드립니다.

관계를 회복하는 용기

어떻게 사람들과 관계를 맺어야 하는가?

관계를
회복하는 용기

박대령 지음

소울메이트

소울메이트 　우리는 책이 독자를 위한 것임을 잊지 않는다.
　　　　　　우리는 독자의 꿈을 사랑하고,
　　　　　　그 꿈이 실현될 수 있는 도구를 세상에 내놓는다.

관계를 회복하는 용기

초판 1쇄 발행 2015년 4월 20일 ┃ **초판 2쇄 발행** 2016년 10월 1일 ┃ **지은이** 박대령
펴낸곳 ㈜원앤원콘텐츠그룹 ┃ **펴낸이** 강현규 · 박종명 · 정영훈
책임편집 김효주 ┃ **편집** 최윤정 · 주효경 · 민가진 · 유채민 · 이은솔
디자인 최정아 · 김혜림 · 홍경숙 ┃ **마케팅** 송만석 · 서은지 · 박지영
등록번호 제301-2006-001호 ┃ **등록일자** 2013년 5월 24일
주소 100-826 서울시 중구 다산로16길 25, 3층(신당동, 한흥빌딩) ┃ **전화** (02)2234-7117
팩스 (02)2234-1086 ┃ **홈페이지** www.1n1books.com ┃ **이메일** khg0109@1n1books.com
값 15,000원 ┃ **ISBN** 978-89-6060-543-5 03180

이 도서의 국립중앙도서관 출판시도서목록(CIP)은 e-CIP홈페이지(http://www.nl.go.kr/ecip)에서
이용하실 수 있습니다.(CIP제어번호 : CIP2015010436)

다른 사람들에게 관심이 없는 사람은
인생을 사는 데 굉장히 어려움을 겪게 되고,
다른 사람들에게도 해를 끼치게 된다.

• 아들러(심리학자) •

심리적인 고통의 대부분은
관계에서 비롯된다!

많은 분들이 두통이나 불면증과 같은 다양한 신체적 증상들로 고통을 받지만 병원에 가도 원인을 찾지 못하는 경우가 많은데, 이들 대부분은 심리적인 요인에서 비롯된다는 보고들이 많이 나오고 있습니다. 그런데 이 심리적인 고통의 대부분은 '관계'에서 비롯된 것이라고 해도 과언이 아닙니다.

가끔 제게 이유를 알 수 없는 불안이나 우울 문제로 상담을 받으러 오시는 분들이 있는데, 이야기를 나누다 보면 그 배경에 관계의 고통이 깔려 있는 것을 발견합니다. 상담을 통해 대인관계에서 말하지 못했던 것을 표현하거나 자기 자신과의 관계가 좋아지게 되면, 불안이나 우울이 줄어드는 것을 많이 목격하고는 했습니다.

현대 심리치료의 흐름은 점차 관계를 중요시하는 방향으로 나아가고 있습니다. 전통적으로 관계를 중요하게 다뤘던 인본주의 계열 심리치료에서도 발전이 있었고, 비교적 관계 문제를 중요하게 다루지 않았던 정신분석 치료나 인지행동 치료에서도 점차 관계를 중요시하는 방향으로 발전하고 있습니다. 내담자의 대인관계뿐 아니라 내담자가 자기 자신과 맺는 관계, 그리고 상담자-내담자와의 관계를 포괄하는, '관계성'과 관련된 주제들이 많이 논의되고 상담 현장에서 적용되고 있습니다.

저는 이 책 전반에 걸쳐 게슈탈트 심리치료의 철학과 관점을 유지하려고 노력했습니다. 게슈탈트 심리치료는 현상학, 실존주의, 도가(道家)와 선(禪)사상, 골드슈타인(Kurt Goldstein)의 유기체 이론, 레윈(Kurt Lewin)의 장이론, 베르트하이머(Max Wertheiner) 등의 게슈탈트 심리학, 마르틴 부버(Martin Buber) 등의 영향을 받아 출발부터 '관계성'과 '연결성'을 중시했습니다. 한국에서는 김정규 선생님을 중심으로 관계성 향상 프로그램을 실시하는 게슈탈트 치료자들이 많습니다. 저 역시 그 영향을 받으면서 관계 문제를 다루는 그룹상담을 꾸준히 진행해왔고, 그 경험들을 이 책에 담았습니다.

또한 무언가 바꾸거나 노력하기보다는 있는 그대로의 자신으로 있을 때 변화가 가능해진다는 아놀드 바이써(Arnold Beisser)의 '변화의 역설적 이론'에 따라, 뭔가를 더 하기보다는 이미 잘 하고 있는 부분들을 발견하는 데 중점을 두었습니다.

이 책은 모두 4개의 Part로 구성되어 있습니다. Part 1에서는 나 자신과 관계 맺기에 대해 말합니다. 자신과 관계가 좋은 사람은 자신감이 넘치고 힘든 일을 겪어도 잘 대처해나갈 수 있습니다. 환경이 열악해도 주변에서 좋은 것들을 더 많이 받아들여 자신의 성장을 위한 자양분을 잘 섭취합니다. 이런 든든한 바탕 위에서 다른 사람과 관계를 맺는 일은 좀더 쉬워집니다.

Part 2에서는 타인과의 관계 맺기를 다루었습니다. 타인이 제시하는 기준이나 요구에 의해 살아가지 않고 내 감정과 욕구에 따라 내 자신으로 있을 때 다른 사람들과 더 잘 지낼 수 있다는 것을 보여주려고 했습니다. 대인관계에서 위축되고 불안한 사람들에게 도움이 될만한 내용들을 위주로 서술했습니다.

Part 3은 좀더 넓은 범위로 환경과의 관계를 다루었습니다. 인간 환경과 자연 환경을 포함한 전체 환경을 바로 보며 살아가는 것이 어떤 결과를 낳는지 보여주려고 했습니다. 마지막으로 Part 4에서는 Part 1, Part 2, Part 3에서 제시한 방법대로 살아가는 데 도움이 될 만한 구체적인 방법들을 적었습니다.

전체 구성의 순서는 '나' 자신으로부터 출발해서 '타인', 그리고 '나'와 '타인'을 포함한 세상 전체로 확장되어가는 단계를 따랐습니다. 처음에는 좀더 넓게 '영성'이란 주제까지 다루는 것이 필요하다고 생각했지만, 제 경험과 연륜에 맞게 다룰 수 있는 부분까지 범위를 좁혀서 서술했습니다. 관심이 있는 분들은 에크하르트 톨레(Eckhart Tolle)의 『지금 이 순간을 살아라』와 같은 영성 관련 책들을 보시길 권해드립니다.

사실 전 대인관계 전문가는 아닙니다. 아직도 부족한 점이 많고 이런저런 시행착오를 겪으며 살아가고 있는 사람일 뿐입니다. 다만 오랜 시간 제가 가진 문제를 해결하기 위해 상담을 받기도 하고, 상담을 하기도 하면서 다양한 도전과 경험을 해왔습니다. 그 과정에서 많은 사람들의 지혜와 경험이 저를 도왔습니다. 운좋게도 저는 훌륭한 선생님들을 많이 만나서 시행착오를 겪는 시간을 줄일 수 있었습니다.

이 책에 나오는 내용들은 제가 혼자 생각해낸 것이 아니고 대부분 저를 가르쳐주신 분들에게서 왔습니다. 그 중에서도 대학원 시절부터 지금까지 저를 지도해주시는 성신여대 심리학과 김정규 교수님께 받은 은혜가 큽니다. 예술적인 경지에 이른 상담 방법과 경험을 아낌없이 가르쳐주시는 것을 넘어서 사람 마음을 이해하고 사랑할 수 있도록, 그리고 끊임 없이 배우고 실천하는 삶을 살 수 있도록 도와주셨습니다. 또한 이순일 심리상담센터의 이순일 선생님과 한국심리건강센터의 이영이 선생님께도 감사드립니다. 이 두 분에게 상담가로 살아가는 자세와 많은 지혜들을 배웠습니다.

그리고 제게 상담을 받으러 오시는 분들이 저를 가르쳐준 훌륭한 선생님들이었습니다. 때로는 제가 보지 못하고 듣지 못하는 부분을 알려주기도 하고, 제가 가진 문제에 대해서도 직면할 수 있도록 도와주었습니다. 특히 집단상담에 참여한 집단원들이 많은 도움을 주었습니다. 서로 자신이 경험한 것들을 나누고 함께 해결책을 찾아가는 과정들을 지켜보면서 '아, 저렇게 이해할 수 있구나!' '아, 저렇게 표현하면 되는구나!' 하고 무릎을 친 적이 한두 번이 아니었습니다.

원고를 검토해주신 고마운 분들이 많습니다. 상담 현장에서 일하시는 김영찬, 김현주, 임정민, 정영숙 선생님과 북카페 소일의 김창호, 노영신, 최은호 목사님, 친구 이지향, 대학 선배 변계희 누나, 그리고 이 책을 내는 데 많은 도움을 주신 소울메이트 출판사 관계자 분들께도 깊은 감사의 마음을 전합니다.

마지막으로 가족들에게 깊은 애정을 전합니다. 헌신적으로 저를 키워주고 보살펴주신 부모님들과 곁에서 조언해주고 격려해준 아내에게 제가 받은 것들은 헤아릴 수 없습니다. 또 하나의 가족인 다음 카페 '이미 아름다운 당신' 식구들에게도 고마운 마음을 전합니다. 사회공포증 자조모임을 함께 꾸려나가면서 서로 배우고 지지하는 가운데 글 쓸 용기를 많이 얻곤 했습니다.

이 책에 나오는 사례들은 실제 상담 내용을 내담자들의 동의를 받고 적은 것입니다. 다만 이름과 신상 정보는 적절히 바꾸어 누군지 알 수 없도록 했습니다. 그분들이 상담 내용을 책에 적을 수 있도록 허락해주셔서 좀더 생생한 글을 쓸 수 있었습니다.

제 첫 책을 읽어주시는 독자 여러분들께도 감사를 드립니다. 이 글들이 당신의 마음속의 얼음 조각을 조금이라도 녹일 수 있었으면 좋겠습니다. 그래서 당신이 '아, 난 참 괜찮은 사람이구나!' 하는 생각을 할 수 있다면 저는 더 바랄 게 없겠습니다. 내가 알거나 혹은 잘 모르는 당신에게 고개 숙여 인사합니다. 이 책을 집어 주시고 제 이야기를 들어주셔서 정말 감사합니다.

"당신은 참 괜찮은 사람입니다!"

박대령

내가 어떤 사람인지 알고 싶어요 | 나는 지금 이대로 괜찮은 걸까요? | 내 성격에
뭔가 문제가 있는 걸까요? | 나는 마음에 병이 있는 걸까요? | 내 발목을 내가 잡고
있다고요? | 내가 나를 너무 학대하고 있다고요? | 나는 나에게 좋은 보호자가 될
수 있다 | 이미 내가 잘하는 것만 챙겨도 충분하다

PART 1

관계의 시작인
나와 친구하기

내가 누군지
궁금하지 않으세요?

우리는 끊임없이 거울로 내 모습을 살펴본다. 거울에 비친 모습을 보면서 내 자신이 어떤 사람인지 살펴보는 것이다. 그런데 거울에 비친 내가 정말 나일까? 아니다. 안타깝게도 우리는 거울에 비친 자신을 바라볼 때 시대적 · 문화적 유행이라는 색안경을 끼고 바라보기 때문에, 내 모습이 아름답거나 추하다고 보는 것은 진정한 내가 아닐 수 있다.

한편 우리는 자신의 첫인상이 상대방에게 어떻게 비추어지는지 궁금해한다. 내 모습을 보고 부드럽고 따뜻하다고 느끼는 사람이 있는가 하면, 무섭다고 느끼는 사람들도 있다. 상대방이 나를 볼 때 그가 경험한 것들이 내 모습을 그대로 보는 것을 방해한다. 예를 들어 나를 무섭게 느끼는 사람들의 이야기를 들어보면, 그렇게 느낀 이유는 자신을 괴롭힌 남자의 모습과 내가 닮았기 때문이었다.

또 어떤 이들은 혈액형이나 별자리 점, 사주 등을 통해 자신과 타인의 성격을 추측하고, 그 결과를 신봉하기도 한다. 하지만 다양한 변수들이 존재하는 현대사회에서 사람들의 성격을 결정론적으로 규정짓고 구별하면 많은 오류가 생길 수밖에 없다. 이런 구별법을 통해서는 인간의 능동적인 변화를 예측하기도 어렵다.

심리학에서는 MBTI나 애니어그램 같은 성격유형 검사도구들을 통해 자신의 성향과 성격적 특성을 파악하는 데 도움을 주고 있다. 하지만 이러한 심리도구들을 통해서도 자신의 현재 드러난 모습의 일부만을 짐작할 수 있을 뿐 본래의 나를 파악하기는 어려우며, 내 전체 모습에 대한 객관적인 이해는 힘들다.

따라서 우리가 자신을 이해하고 파악하려는 모든 노력이 헛수고일지도 모른다. 불교에서는 모든 것은 형태가 정해져 있지 않고 끊임없이 변화해가는 과정 속에 있다고 말했다. 그렇다면 차라리 나를 알려고 하는 노력을 포기하고 순간순간에 집중하는 것이 더 나은 선택일 수도 있다. 그러나 한편으로는 나에 대한 단편적인 지식이라도 알지 못한다면 몹시 혼란스럽고 불안할 수 있다. 그래서 우리가 알게 된 자신에 대한 지식을 절대화하거나 단정 짓지 않는다면, 그것들은 우리 자신을 이해하는 데 도움이 되고, 앞으로 어떻게 살아갈지에 대해 실마리를 제시할 수 있을 것이다.

나는 Part 1에서 어떻게 하면 '나'를 더 잘 이해할 것인지, '나 자신'과 관계를 잘 맺는 방법은 무엇인지 논의하고자 한다. 자신감이 있는 사람은 대인관계에서 안정감이 있고 상황에 유연하게 대처할 수 있다. 자신감을 회복하는 것은 자신을 이해하는 것에서 출발한다. 많은 이들이 '자신이 괜찮지 않다는 느낌(feeling not ok)' 때문에 자신감을 잃어버리고 고통받는다.

살아오면서 우리는 '나'로서 살아가기 어려운 장애물들을 만난다. 태아 때부터 세상은 온통 위험과 고통으로 가득 차 있다. 각종 질병과 외부 위험물질, 그리고 사람들로부터 나를 지키는 투쟁의 연속이다. 그래도 이 투쟁 속에서 충분히 지지와 격려를 받는다면 앞으로 나아갈 수 있을 것이다.

이 글을 통해 당신이 자신에 대해 좀더 이해하고, 그로 인해 당신이 꽤 괜찮은 사람이라는 것을 느꼈으면 좋겠다. 어쩌면 이미 당신은 자신이 그렇다는 것을 알고 있을지 모른다. 그렇다면 그것을 다시 한 번 확인하게 되는 시간이 될 것이다.

내가 어떤 사람인지
알고 싶어요

미해결 과제를 하나 둘 풀어가다 보면 자유로움을 느낄 수 있을 것이다.
이를 위해 당신의 신체감각, 생각, 감정, 욕구를 잘 알아차려야 한다.

"자신이 어떤 사람인지 이해하길 원하는 사람은 다음과 같은 질문을 자신을 향해 던지고, 성실하고 확고하게 대답하라. 지금까지 자신이 진실로 사랑한 것은 무엇이었는가? 자신의 영혼이 더 높은 차원을 향하도록 이끌어준 것은 무엇이었는가? 무엇이 자신의 마음을 가득 채우고 기쁨을 안겨주었는가? 지금까지 자신은 어떠한 것에 몰입했는가? 이 질문에 대답했을 때 자신의 본질이 뚜렷해질 것이다. 그것이 바로 당신이다."

철학자 니체(Friedrich Wilhelm Nietzche)의 말이다. 타인과 잘 지내

기 위해서 상대방에 대한 지식이 필요하다는 데 동의하지 않는 사람은 없을 것이다. 그러나 사실 그보다 더 중요한 것은 자기 자신에 대해 아는 것이다. 많은 이들이 내가 어떤 사람인지 몰라서 타인과 관계를 맺는 데 어려움을 겪는다. 이를테면 애인과 데이트를 하는데 자신이 원하는 것을 잘 알아차리지 못해서 불만이 쌓이다가 나중에 급작스럽게 이별통보를 하는 경우가 그렇다.

나를 안다는 것은 나의 신체감각, 생각, 감정, 욕구, 행동패턴, 내면의 미해결 과제들을 잘 아는 것이다. 이것들을 잘 알아차리며 사는 사람은 선명하고 생생한 삶을 살 수 있다. 대인관계에서도 적절한 거리를 유지할 수 있고, 나를 소외시키지 않으면서도 상대방과 더불어 잘 살아갈 수 있게 된다. 다음에서는 생각과 행동패턴을 제외하고 욕구, 감정, 신체감각, 미해결 과제를 알아차리는 것이 어떤 점에서 도움이 되는지를 설명해보겠다.

▌내가 필요한 것을 알아요!

지금 이 순간 당신은 자신이 원하는 것이 무엇인지 떠올려 볼 수 있다. 나는 지금 의자에 앉아 있는데 허리가 아픈 것을 발견하고는 자세를 고치고 싶은 욕구를 알아차린다. 또 목이 말라서 물을 마시고 싶다는 욕구도 알아차린다. 이렇게 나는 순간순간 나타나는 크고 작은 욕구를 알아차린다. 당신이 소변이 마려울 때 그러한 욕구를 알아차려야 화장실에 가는 행동을 실행에 옮길 수 있는 것처럼, 일상생활의 소소한 일들조차 이러한 알아차림의 과정을 통해 실천되는 경우가 많다.

그러나 우리는 때로 자신의 욕구를 잘 알아차리지 못해 어려움을 겪기도 한다. 나는 대변이 마려울 때 알아차리지 못해서 몇 십 분을 초조한 상태로 지낼 때가 있었다. 또 심심해서 놀고는 싶은데 내가 뭘 해야 좋을지 몰라서 아까운 휴식 시간을 어정쩡하게 보낼 때도 있었다. 우연히 친구들과 만나서 실컷 떠들고 노래도 부르고 난 후에 온 몸에 활력이 생기는 것을 발견하고 그때서야 '아, 이렇게 활기차게 놀고 친구들과 교제하는 것이 필요했구나.' 하고 나중에 알아차릴 때도 있다.

현진은 고등학생이다. 학교는 나가고 있지만 자신이 무엇이 되고 싶은지, 어떻게 살고 싶은지를 몰라서 공부에 대한 의욕도 흥미도 많이 떨어져 있다. 친구들과의 관계에서도 늘 위축되어 있어 우울한 상태가 지속되었다. 그러던 어느 날 현진은 동대문에 있는 쇼핑몰을 놀러가게 되었다. 몇십 분 후 그녀는 놀랍게도 옷을 파는 사람들과 재미있게 수다를 떨고 있는 자신을 발견하게 되었다. 또래와 있을 때는 전혀 알 수 없었던 자신의 모습이었다. 그때 현진은 자신이 사람들을 만나서 이야기하는 것을 좋아한다는 사실을 알게 되었고, 진로를 결정하기 위해 앞으로는 관

나를 안다는 것은 나의 신체감각, 생각, 감정, 욕구, 행동패턴,
내면의 미해결 과제들을 잘 아는 것이다.
이것들을 잘 알아차리며 사는 사람은 선명하고 생생한 삶을 살 수 있다.
대인관계에서도 적절한 거리를 유지할 수 있고,
나를 소외시키지 않으면서도 상대방과 더불어 잘 살아갈 수 있게 된다.

심 있는 분야의 사람들을 만나 인터뷰를 하면서 이야기를 많이 나눠보고 싶다고 했다.

또 다른 사례다. 선영은 나와 상담을 하면서 그녀가 가장 좋았던 것들에 대해 이야기해주었다. 그녀는 내가 자신을 잘 바라봐주고 자신의 표정이나 감정의 변화를 알아줄 때 큰 기쁨을 느낀다고 했다. 또 내가 칭찬을 해줄 때마다 눈물을 주룩주룩 흘리면서 자신에겐 이토록 칭찬받는 게 필요했다는 것을 알게 되었다고 했다. 그녀가 그 사실을 알아차리고 표현을 하니 나는 더 많이 칭찬을 해줄 수 있었다. 이처럼 욕구를 알아차리고 그것을 표현했을 때 상대 또한 우리가 필요로 했던 것들을 제공해줄 수 있게된다.

가족상담에서도 서로가 가진 생각이나 감정을 표현하면서, 자신의 욕구를 알아차리고 서로에게 바라는 것을 말하는 것이 중요한 치료법으로 활용된다. 단, 이 과정에서 유념해야 할 것은 자신의 힘든 점만을 상대에게 표현할 경우 관계의 변화가 제대로 이뤄지지 않고, 과거 시점의 관계패턴을 유지하기 쉽다는 것이다. 반면에 힘든 점을 이야기하면서 서로가 원하는 것을 덧붙여 말한다면 희망을 발견하고 대안을 찾을 수 있다.

당신은 지금 무엇을 원하는가? 이 책을 좀더 읽고 싶은가? 아니면 책을 덮고 다른 활동을 하고 싶은가? 책을 읽고 있는 자세를 바꾸거나 그대로 있고 싶은가? 이 질문에 대답할 수 있다면 당신은 지금 욕구를 잘 알아차리고 있는 것이다. 생각보다 욕구를 잘 알아차리며 살고 있는 것이다. 그렇다면 지금 나의 욕구는? 나는 글을 잘 쓰고 싶다. 당신이 내 글을 쉽게 이해하고 마음이 편안해지기를 바란다. 그것이 지금 현재 나의 욕구다.

▌감정을 잘 알아차리는 당신

욕구를 잘 알아차리기 위해서는 감정을 잘 알아차리는 것이 중요하다. 내가 무엇을 좋아하고 싫어하는지를 알아야 그것을 해 보고 싶다거나 또는 하고 싶지 않다는 욕구를 알아차릴 수 있다. 또한 감정을 잘 알아차리면 행복한 삶을 살 수 있게 된다. 감정을 잘 알아차리고 접촉하면 부분적으로 고통스런 느낌을 받기도 하지만, 전반적으로는 삶에서 자신이나 환경을 보다 선명하고 생생하게 접촉할 수 있어 활기가 넘치게 된다.

선영은 일상생활이 무기력하고 일할 의욕이 나지 않는다고 한다. 뭔가 하고 싶은 욕구 자체가 없다고 했다. 그러다가 그녀의 성장 배경을 듣게 되면서 그녀가 무기력하게 된 이유를 발견했다. 그녀는 어렸을 때 친족에게 지속적으로 학대를 당해왔는데, 그 고통을 감당하기 위해 감정을 억누르며 살아왔던 것이다. 감정을 억누르게 되면 연관된 기억도 억누를 수 있었기에, 마땅히 상황을 해결할 수 없었던 그녀에게는 그것이 최선이었던 것이다. 그 결과 그녀는 고통스러운 기억을 떠올리지 않을 수 있었지만, 감정을 억누른 대가로 신체의 긴장이 발생해 감정과 몸이 무감각해지고 그와 연결된 욕구도 잘 접촉하지 못하게 되어 무기력해졌다.

우리는 고통스런 기억들을 함께 이야기했고 그 과정에서 그녀는 많은 눈물을 흘렸다. 그렇게 몇 차례 상담을 하고 난 후에 그녀는 내게 이런 이야기를 해주었다.

"상담을 하면서 이전보다 잘 울게 되었어요. 힘들긴 하지만 동시에 행복에도 민감해지는 것 같아요."

또 선영은 감정을 원활하게 접촉하다 보니 자신이 원하는 것들이 정말 많다는 것을 알게 되어, 최근에는 남자친구에게 자신이 원하는 것을 자주 이야기하곤 한다. 자신의 감정을 잘 알게 된 그녀는 이전보다 생기가 넘치고 활기차게 생활하고 있다.

감정접촉을 추구하는 극단적 형태로 몸을 자해하는 사람들이 있다. 자신의 신체를 상하게 한다는 점에서는 파괴적이지만, 그 마음을 들여다보면 얼마나 감정접촉이 절실한지 이해할 수 있다. 자주 자해를 하는 정희는 자살할 생각이 많이 들어서라기보다는 피를 보면 정말 시원해서 자해를 한다고 하는데, 자신이 살아있다는 그 생생한 느낌이 좋다고 했다. 또 피를 보면 자신이 억눌렸던 화와 만나 기분이 좋다고 한다.

알코올중독에 이르는 사람들도 마찬가지다. 평소에는 있는 듯 없는 듯 조용히 있다가 술만 먹으면 말이 많아지거나, 화를 내거나, 엉엉 우는 사람들이 많다. 억눌러 놓은 감정들이 술로 인해 터져 나오는 것이다. 알코올에 중독되는 이유는 독소로 인한 뇌 충동조절 중추의 손상도 있지만, 이런 심리적 해방감도 큰 몫을 한다.

당신은 영화를 보거나 음악을 들으며 알게 모르게 당신의 감정과 만나기 위해 노력한다. 어린 시절 학대를 당했던 수경은 강렬한 사운드의 음악을 듣는다. 그녀는 음악을 통해 자신의 분노 감정과 접촉하면서 조금이나마 속이 시원해지고 답답함이 줄어드는 것을 경험하는 것이다. 이렇게 많은 이들이 평상시에는 울지 못하지만 영화나 드라마를 보고 눈물을 흘리면서 다른 사람의 삶에 비친 내 모습을 보며 슬퍼하고 위로하는 과정을 거친다. 노래를 부르거나, 악기를 연주하거나, 그림을 보거나, 친구와 이야기를 하거나, 낙엽이 떨어진 거리를 걸어본다거나, 비오는 날 우두커니 커피숍에 앉아서 창밖을 바라보는 것이다.

하지만 감정을 접촉하는 게 모두 다 도움이 되는 것은 아니다. 심리학자 레슬리 그린버그(Leslie Greenberg)는 일차적 정서와 이차적 정서, 도구적 정서를 적응적인 정서와 부적응적인 정서로 나누었다. 이를테면 상실에 대한 슬픔이나 위협에 대한 두려움 같은 감정은 접촉하고 머무르는 것이 도움이 되지만, 수치심과 무기력함은 그 정서가 발생한 도식에 접근하는 것이 더 낫다고 했다. 이를테면 마음이 우울할 때 '아, 내가 지금 스스로를 바보 같다고 생각하니 우울해지는구나.' 하고 알아차리는 것이다.

그린버그가 분류한 수치심, 불안전감, 무기력감, 절망, 격노와 같은 부적응적인 감정들을 제외하고는 슬픔, 화, 두려움, 외로움과 같은 감정들을 만나고 접촉하면 몸이 따뜻해지고 긴장도 많이 풀어진다. 실컷 울고 난 이후에 찾아드는 편안함과 따뜻함을 느껴본 사람이라면 알 수 있을 것이다. 감정을 느끼면 더 힘들어질 것 같다는 생각 때문에 이를 회피하는 경우가 많은데, 마치 뜨거운 욕탕에 들어가기 싫어하는 것과 비슷하다. 처음에는 뜨겁게 느껴지지만, 일단 들어가고 나면 고통스런 느낌이 사라지고 따뜻함이 온몸을 감싼다.

나는 슬픔이라는 감정을 만나는 것을 두려워했다. 슬픔 속에 있으면 너무 힘들 것 같아 슬퍼질 때마다 분주하게 행동하면서 그 감정을 억누르곤 했다. 그러던 어느 날 왠지 슬픔과 한 번 깊이 만나보고 싶어 감정이 올라올 때 가만히 숨을 느껴보았다. 그때 느꼈던 몸의 감각이 여전히 생생하게 떠오른다. 뭔가 스르르한 것이 전율처럼 내 가슴과 배를 스치면서 몸이 매우 따뜻해지고 편안해졌다.

관계에서 일어나는 문제를 잘 들여다볼 때
미해결된 과제가 무엇인지 발견할 수 있다.
내가 어떤 특정한 사람에게 강렬한 감정을 느끼거나
타인과의 관계에서 반복적으로 어떤 문제가 발생한다면,
거기에서 내가 해결하지 못한 과제를 발견할 수도 있을 것이다.

▌나는 내 몸이 움직이는 것을 느껴요

욕구와 감정은 몸에서 느껴지는 것이기에, 이를 잘 알아차리려면 평소에 몸의 느낌을 살펴보는 게 도움이 된다. 간단한 실험을 해보자. 지금부터 3분간 당신은 몸에서 일어나는 감각이나 신체의 움직임을 알아차려보자. '나는 지금 ○○을 알아차린다'는 형식으로 다음과 같이 말하거나 글로 적어보면 된다.

"나는 지금 손가락 관절이 뻐근함을 알아차린다. 나는 지금 가슴이 답답한 것을 알아차린다. 나는 지금 눈이 뻑뻑함을 알아차린다. 나는 지금 혀가 텁텁함을 알아차린다. 나는 지금 의자에 닿은 엉덩이가 불편함을 알아차린다. 나는 지금 허리가 불편함을 알아차린다. 나는 지금 오른쪽 볼이 간지럽다는 것을 알아차린다. 나는 지금 숨을 얕게 쉬고 있다는 것을 알아차린다. 나는 지금 배가 들어가고 나오는 것을 알아차린다."

일반적으로 신체감각은 감정이나 욕구보다 알아차리기 쉽지만, 이게 그리 쉽지 않은 사람들도 많다. 충격적인 사건이나 사고를 경험한 후에 그와 관련된 감정을 억압하기 위해 몸을 긴장시켜 감각이 둔해지기도 하고, 주어진 수많은 과제를 하느라 잠시도 쉬지 못하는 현대인들은 어지간히 아프지 않고서는 몸에 신경 쓰기 어렵다.

바깥 일로 바쁘지 않더라도 걱정을 많이 하는 사람은 신체감각이든 외부 감각이든 감각에 접촉을 잘 하지 않게 된다. 그러다 보니 몸에서 말하는 소리를 듣기가 어렵다. 어느 날 죽을 것 같이 몸이 아플 때, 그때서야 우리는 멈춰 서서 몸의 소리를 듣는다.

어느 날 나는 먹을 것에 자꾸만 손이 가고, 먹어도 또 먹고 싶어 계속 음식을 먹다보니 늘어나는 뱃살이 걱정되었다. 그런데 음식을 먹지 않으려고 하니 못 먹는다는 생각에 갈망이 더 커져서 먹을 것만 눈에 들어오는 것이다.

당신도 나와 같은 그런 상황이 온다면, 그럴 때 몸의 느낌을 살펴보기를 권유한다. 대개 명치 끝 혹은 아랫배와 같은 곳에서 뭔가 답답하거나 초조하게 만드는 불쾌한 느낌들을 발견할 수 있을 것이다.

잠시 멈춰 서서 그 불편한 느낌에 천천히 숨을 쉬며 머물러보면, 몸이 우리에게 하는 말을 들을 수 있다.

"나 답답해. 여기에서 벗어나고 싶어."
"나 슬퍼. 그동안 정말 많이 애썼단 말이야."
"나 외로워. 정말 외롭다고."

이렇게 몸을 통해 우리는 우리의 감정을 알아차리게 된다. 감정을 알아차리면 앞으로 무얼 하고 싶은지, 우리에게 무엇이 필요한지도 알게 된다.

▌미해결 과제 해결하기

김정규는『게슈탈트 심리치료』에서 억압된 성 욕구, 해결되지 않은 분노감, 해소되지 않은 슬픔, 충족되지 않은 애정 욕구 같은 것들을 알아차리고 해결하지 못하면 대인관계에서 문제가 발생한다고 했다. 이를테면 아버지에 대한 해소되지 않은 적개심이 타인에게 투사됨으로써 대인관계가 어려워질 수 있고, 어머니로부터 충족하지 못해 자신의 애정욕구를 억압해온 사람은 타인의 애정욕구에 대해 차갑게 반응할 수 있다.

관계에서 일어나는 문제를 잘 들여다볼 때 미해결된 과제가 무엇인지 발견할 수 있다. 내가 어떤 특정한 사람에게 강렬한 감정을 느끼거나 타인과의 관계에서 반복적으로 어떤 문제가 발생한다면, 거기에서 내가 해결하지 못한 과제를 발견할 수도 있을 것이다.

또한 꿈을 통해 미해결된 과제가 상징적으로 나타나기도 한다. 꿈에서 느껴지는 감정이나 욕구, 행동패턴을 살펴보면 자신이 삶에서 외면해왔던 것들을 풀어가는 실마리를 찾을 수 있다. 게슈탈트 치료에서는 꿈을 우리 자신의 내면이 드러나는 상징적인 공간으로 본다. 따라서 게슈탈트 치료자들은 내담자들에게 꿈에 나오는 사람이나 사물이 되어보고, 이를 통해 억압되고 소외된 자신의 감정이나 욕구, 행동이나 사고패턴을 알아차리도록 돕는다.

선희는 꿈에서 살인자가 다른 사람을 칼로 찌르는 것을 목격하며 떨고 있었다. 나는 그녀에게 그 살인자가 되어 자신을 표현해보라고 했고, 선희는 살인자의 목소리로 "죽은 사람이 어떻든 상관없어. 내가 즐거우면 그만이야! 재밌어. 내 맘대로 할 거야!"라고 말했다. 그녀는 이 작업을 하면서 내 맘대로 뭔가를 하고 싶은 욕구와 그것을 할 때 즐거움을 느끼는 자신을 발견할 수 있었다. 그녀는 평소에 감정과 욕구를 많이 억누르며 살아왔는데, 소외된 감정과 욕구들이 상징적으로 꿈에 나타난 것이다.

미해결 과제를 하나 둘씩 풀어가는 것은 심리적 운명에서 벗어나는 것과도 같다. 하나씩 해결할 때마다 가슴에 올려놓은 바위덩이 하나를 내려놓는 것과 같은 해방감과 자유로움을 느낄 수 있을 것이다. 이를 위해 당신에게 나타나는 신체감각, 생각, 감정, 욕구, 행동패턴들을 잘 알아차리는 것이 필요하다.

어떤 이들은 대화를 하거나 책을 읽고, 명상을 배우거나 자서전을 쓰고, 심리상담을 받음으로써 좀더 잘 알아차리고 그를 통해 심리적 해방감을 맛보기 위해 노력한다. 여러분들도 각자의 방식대로 자신을 발견하는 일에 성공하길 바란다. Part 4에 나오는 마음을 치유하는 글쓰기 방법이 자신을 발견하고 알아차림을 향상시키는 데 도움이 될 것이다.

나는 지금 이대로
괜찮은 걸까요?

남들의 기대는 당신이 행복하길 바라는 것에 지나지 않는다.
자신이 원하는 것을 하는 것이 진정으로 행복한 것임을 알자.

엄마 배 속에 있을 때부터 우리는 삶과의 투쟁을 시작한다. 엄마 배 속에 있는 우리의 목숨은 전적으로 엄마에게 달려 있다. 엄마가 생계 때문에 임신중임에도 무리해서 일을 해야 했거나, 아빠나 시댁과 관계가 좋지 않아 임신중에 스트레스를 많이 받았다면 당신도 힘들었을 것이다. 태어나는 과정에서도 당신은 죽음의 공포와 맞닥뜨려야 했다. 안전한 엄마의 자궁을 벗어나 태어나는 과정에서 태아는 커다란 공포와 마주한다. 자궁에서 벗어나 처음 느끼는 이질적인 공기와 눈부신 바깥 세상은 아이에게는 매우 강렬한 자극이다. 심리학자 오토 랑크(Otto Rank)는 '출생 외상(birth trauma)'이라는 개념을 소개하면서 태어나는 것 자체가 아이에게 큰 충격이라고 이야기했다.

막 태어난 아이는 한동안 스스로 할 수 있는 것이 극히 적다. 울음 소리는 외부에 자신의 상태나 필요로 하는 것들을 알리는 유일한 통로다. 배가 고프거나 용변이 마려울 때, 춥거나 아플 때, 그리고 무서울 때도 아이는 "응애응애." 하고 울면서 자신을 표현한다. 이때 부모가 적절하게 반응하지 못한다면 아이는 세상과 소통할 방법이 없다. 또 부모가 자신을 잘 돌보지 못하는 힘든 상황 속에 있어 당신에게 필요한 신체적인 접촉이 충분하지 않았다면, 당신은 정신적 안정감을 느끼지 못했을 수 있다. 이 시기에 충족되지 못한 신체접촉의 욕구는 성장하면서 여러 가지 문제로 나타날 수 있다.

이처럼 우리는 태어나면서부터 수많은 어려움을 견뎌내야 했다. 결코 쉬운 과정이 아니었고, 상처 없이 지나오기란 매우 어렵다. 그 과정에서 우리는 분리불안을 경험하거나 환경과 타인에 대한 두려움이 생기며, 이로 인해 심리적 고통들이 시작될 수 있다. 태어나는 순간부터 끊임없이 우리는 남들의 눈치를 보지 않으면 생존하기 어려운 삶을 살고 있는 것이다.

▌수치심을 가르치는 사회

최근의 심리치료에서는 '수치심'에 대한 연구가 활발하다. 특히 정신과 의사나 심리상담가들은 수치심을 다루는 것을 어려워하는 경우가 많은데, 이는 성격장애를 유발하는 핵심적인 감정일 뿐만 아니라 대부분의 심리적 문제와도 관련이 있으므로 좀더 자세히 알아볼 필요가 있다.

수치심은 사회에서 요구하는 기준을 내면화하는 과정에서 발생한다. 한 문화권에서 수치스러운 일이 다른 문화권에서는 수치스럽지 않은 일이 되기도 한다. 자신이 속한 사회의 중요한 기준을 위배하면 추방당하거나 왕따가 될 위험에 처하기 때문에 수치심은 버림받을지도 모른다는 불안감이나 공포감을 동반한다. 적절한 수치심은 사회생활을 잘 해나가는 데 필요하지만, 과도한 수치심은 심각한 심리적 문제를 발생시킨다. 이러한 수치심이 내면화되는 과정을 살펴보자.

바이올렛 오클랜더(Violet Oaklander)는 그녀의 저서 『아이들에게로 열린 창』에서 오줌을 싸는 것은 아이들이 자신을 돌보는 방법의 하나라고 말한다. 대부분의 오줌싸개 아이들은 대개 화를 잘 내지 않고 감정을 누르는 착한 아이들인데, 이런 억압된 감정을 오줌을 싸는 것으로 표출한다고 한다. 만약 이런 식으로 억압된 감정을 표출하지 않았다면 천식이나 피부병으로 나타났을지 모른다고 한다. 안타깝게도 우리 사회에서는 전통적으로 오줌싸개에 대해 관대하지 않았다. 아이가 이불에 오줌을 싸면 옆집에 가서 소금을 얻어 와야 했던 시절이 있었다. 오늘날 이런 풍습은 사라졌지만, 부모가 혼을 내고 야단치는 것은 별반 달라지지 않은 것 같다. 이 과정에서 아이는 수치심을 내면화한다.

아이들의 성과 관련된 행동에 대한 부모의 반응도 아이들의 자존감 발달에 큰 영향을 준다. 이를테면 자위행동에 대해 부모들이 과도하게 반응하게 되면 아이는 몹시 놀라고 심한 수치심이나 죄책감을 내면화하게 된다. 청소년들의 경우 야한 사진이나 동영상을 보다가 부모에게 들켰을 때, 부모가 어떻게 반응하는지에 따라 상당한 영향을 받기도 한다. 적절하지 못한 부모의 반응에 따른 과한 수치심이나 죄책감은 아이들의 신경증적인 불안의 원인이 되기도 한다. 자신이 뭔가 부적절하다는 느낌을 가지고 있으면 거리를 걷거나 사람들을 만날 때도 편안하게 있을 수 없게 된다.

남자 아이들의 경우 강인한 모습을 보여줄 것을 강요하는 부모님이나 주변 사람들에 의해 이러한 모습을 내면화하는 경우가 많다. 나를 찾아왔던 내담자 중에는 친구에게서 구타를 당했음에도 맞고 왔다는 사실 때문에 오히려 부모에게 더 크게 혼났다는 사람도 있었고, 남자가 보이지 말아야 할 눈물을 흘린다고 욕을 먹은 경우도 있었다. 이런 남성들은 상급학교에 진학하고 군대에

가면서 감정을 드러내는 일은 수치스러운 일이고 찌질한 사람이 된다는 사실을 점점 더 자신에게 각인시킨다. 그러나 이런 강함에 대한 추구는 오히려 심리적 유연성이나 탄력성을 저해해 인간적인 실수나 약점마저도 허용하지 못하게 된다. 또한 자신의 감정에 대한 억압은 타인과의 관계에서 상대방 감정을 이해하거나 접촉하지 못하게 해 심각한 의사소통 문제를 일으킨다.

여자 아이들에게 나타나는 수치심 문제는 많은 경우 성역할과 관련된다. '여자는 이렇게 해야 한다'는 역할이나 외모에 대한 강요는 그 기준에 부합하지 않는 많은 여자들로 하여금 수치심에 시달리게 해, 극단적인 형태로는 성형중독이나 섭식장애와 같은 형태로 치닫게 된다. 또한 부부관계에서 성생활에 문제를 겪는 여성들 중에는 자신의 신체에 대해 느끼는 수치심과 관련된 경우가 있다. 성장 과정에서 주변 사람들의 언행으로 인해 자신의 몸이나 성기에 대해 추하게 생각하게 되면 수치심이 생기고, 그로 인해 성생활시 긴장을 많이 하게 된다. 이 긴장은 감각을 차단시켜 불감증에 이르게 하고 신체적인 커뮤니케이션을 어렵게 만든다.

부모가 과잉보호를 해서 수치심이 내면화되는 경우도 있다. 경수의 어머니는 아이가 태어나면서부터 많이 아파서 항상 마음을 놓지 못하고 살았다. 또 자신은 부모에게 충분한 사랑을 받지 못했기 때문에 자식에게만큼은 자신이 받지 못한 사랑을 주고 싶어 항상 뒤따라다니며 모든 것을 챙겨주곤 했다. 그런 과정에서 경수는 '나는 뭔가 다른 아이들보다 모자라고 부족하다.'라는 느낌을 갖게 되었다. 부모가 모든 것을 해주니 스스로 할 수 있는 것은 별로 없었고, 학교에서 독립적인 역할을 해야 했을 때 많이 불안하게 되었다.

▌나는 부모가 원하는 아이로 살아왔는가?

임상심리사들이 내담자들의 심리평가를 할 때 발달 과정을 체크하는 항목 중 가장 먼저 물어보는 것이 있다. 그것은 바로 자신이 부모가 원하는 아이였는지에 대한 것이다. 부모가 임신을 해서 유산을 하기로 마음을 먹었다면 태아는 은연중에 생명의 위협을 느낄 수 있다. 태아였을 당시엔 놀라지 않더라도 어느 정도 성장해서 부모가 자신을 유산하려고 했었다는 이야기에 충격을 받는 사람들도 있다. 또한 어른들이 무심코 던진 농담이 큰 상처가 되는 경우도 있다. "너 다리 밑에서 주워왔어."라는 농담을 제대로 소화하지 못하고, 자신이 버려진 아이라는 느낌 때문에 성장하면서 어려움을 겪는 아이들도 있다.

아이는 학교에 들어가면서 주위의 숱한 기대를 받으며 성장하게 된다. 지연의 사례를 보자. 지연은 무언가를 성취해야 한다는 극심한 불안감에 늘 시달렸다. 내가 그 성취가 왜 그렇게 중요했는지를 물어보자 그녀는 한 장면을 떠올려 이야기해줬다. 초등학교 시절에 100점짜리 답안지를 들고 왔을 때 늘 행복하지 못했던 엄마의 표정이 그 순간만은 그렇게 환해 보일 수 없었다며, 그 후로 엄마를 기쁘게 해드리고 싶어 잘해야 한다는 생각을 많이 하게 되었다고 했다.

영철은 연세대학교 원주 캠퍼스에 입학했는데, 부모님이 친구들에게 아들이 연세대에 들어갔다고 자랑을 하시면서도 원주 캠퍼스라는 것을 밝히지 않았다고 한다. 그런 부모님을 보면서 자신이 본교 학생이 아닌 제2캠퍼스 학생이라는 게 몹시 수치스러웠다고 한다. 영철처럼 자신이 다니는 학교 때문에 수치심을 느끼는 사람들이 많다. 우리나라 대학이 서열화되어서 부모는 자식에게 이름 있는 대학을 가길 원하고, 자식들은 부모가 원하는 대학에 미치지 못하면 자신은 못난 자식이라는 생각을 하면서 수치심에 빠지게 된다.

▌남이 아닌 내가 원하는 삶을 살고 싶어요

선영은 요즘 자신이 떼쓰는 아이 같아졌다고 했다. 욕심쟁이 아이가 된 것처럼 갖고 싶은 것을 사람들에게 해달라고 말한다고 한다. 전에는 자신의 욕구를 다른 사람들에게 표현하면 괜찮지 않은 사람으로 보일까 봐 두려웠는데 지금은 아니라고 한다. 그래서 내가 "어떻게 괜찮은 인간이 되어야겠다는 생각을 놔버릴 수 있었어요?"라고 물어보자 그녀는 이렇게 대답했다.

"내가 그렇게 한다고 괜찮은 사람이 되지는 않으니까요. 이제는 그런 게 너무 귀찮아요."

소현은 부모가 자신에게 거는 기대가 두렵고 자신은 거기에 미치지 못하는 자식인 것 같아서 폭식으로 괴로움을 달래곤 했다. 입사시험을 보러 다니며 낙방을 반복하던 어느 날, 그녀는 용기를 내어 어머니에게 고백했다고 한다. 사실 난 어머니가 기대하는 것처럼 좋은 직장에 취직할 자신이 없다고 말이다. 그런데 그녀는 어머니에게 뜻밖의 이야기를 듣게 되었다.

"난 네가 그렇게 좋은 직장에 취직하는 걸 바라지는 않아. 네가 그저 좀더 목표를 높게 세우고 노력하길 바랐을 뿐이었어. 괜찮다."

사실 모든 부모나 주변 사람들의 기대는 당신이 행복하길 바라는 것에 지나지 않을지도 모른다. 그들은 돈이나 권력, 지위나 명예 같은 것들이 아니면 당신이 불행할 것이고, 사회에서 불이익을 받게 될 거라는 두려움이 있다. 그래서 그들의 방식을 당신에게 강요하는 것이다. 당신의 투쟁은 당신이 원하는 것을 하는 것이 당신에게 진정으로 행복한 일이라는 것을 부모나 주변 사람들에게 알리고 설득하는 일이다. 만일 당신이 주변 사람들을 이해시키고 지지를 받는다면 참 다행일 것이나, 안타깝게도 많은 사람들이 자신이 가진 한계를 벗어나지 못하고 당신을 온전히 봐주지 않고 있다.

하지만 다른 어떤 누군가가 당신을 괜찮게 생각하지 않더라도 당신 자신만은 스스로를 괜찮게 생각할 수 있다. 나는 당신 자신을 괜찮게 생각하고 남이 아닌 당신의 기준으로 살기를 바란다. 이것은 또한 내 자신에게 하는 말이기도 하다. 우리 모두 오늘 밤 '나는 괜찮은 사람이군!'이라고 되뇌이며 달콤한 꿈으로 빠져들 수 있었으면 좋겠다.

모두 자신의 성격 때문에 고민하지만,
실제로는 과거에 받은 상처가 해결되지 않았다는 공통점이 있다.
상처가 해결되지 않고 남아 있으면 유사한 자극에 몹시 예민하게 된다.
반대로 상처가 아물면 더이상 상처를 방어할 필요성이 없게 된다.
그러면 몸에서는 긴장이 풀어지고 마음에 여유가 생긴다.

내 성격에 뭔가
문제가 있는 걸까요?

당신은 성격이 이상한 게 아니라 상처가 있을 뿐이다.
우리에겐 반창고나 연고와 같은 말이 필요하다.

상담을 하다 보면 많이 듣게 되는 질문들이 있다. 그 중에 하
나는 "선생님, 제 성격에 문제가 있는 게 아닐까요?"라는 말이다.
많은 이들이 자신의 성격이 소심하거나 괴팍하거나 이상하다고
생각하며 괴로워한다. 그럴 때 나는 "그것은 성격이 이상한 게 아
니라 상처가 있기 때문이에요."라는 대답을 한다.

몸에 상처가 있고 상처가 아물지 않은 상태에서는 그 근처만
건드려도 아프고 짜증이 난다. 그것은 마음도 똑같다. 사람마다
어떤 말을 듣거나 행동을 목격할 때 이성이 사라지고 마음이 갑

자기 헝클어지는 순간을 경험할 때가 있다. 그런 순간이 바로 마음속 상처가 건드려지는 순간이다.

그럴 때 우리가 '내가 못됐나?' '내가 성격이 나쁜가?'라고 생각하기보다 '아, 내 마음이 지금 힘든가? 마음이 아픈가?' 하고 생각해보자. 그러면 고통은 그동안 돌보지 못했던 마음의 상처를 발견하게 되는 기회가 된다.

▌두려움에 압도되는 사람들

수민은 남자친구와 말다툼을 하다가 남자친구가 조금만 언성을 높여도 소리를 지르며 분노를 폭발해서 남자친구를 놀라게 했다. 남자친구는 그런 그녀를 도저히 이해할 수 없었다. 상담실에서 함께 대화를 나누다 보니, 그녀가 남자친구의 목소리가 조금이라도 높아지면 몹시 놀라서 두려움에 휩싸인다는 것을 발견하게 되었다. 이렇게 두려운 감정에 머물러 보니 어릴 적 아버지가 고함을 지르며 집에 있는 물건을 때려 부수던 기억들이 떠올랐다고 한다.

소희는 자신의 성격이 소심하다고 생각했다. 어른들과 함께하는 자리에서는 목소리도 작아지고 긴장을 많이 해서 자신의 성격이 문제가 있다고 생각했다. 이렇게 소희가 윗사람들을 어려워하는 배경에는 어렸을 적 그녀에게 엄했던 부모님과 관련이 있었다. 부모님에게 자주 혼나고 지적을 받다 보니 다른 어른들도 무섭게 느껴진다는 것이다.

민수는 욱하는 자신의 성격이 문제라고 했다. 상대방과 말싸움을 하게 되면 이성을 잃고 화를 폭발하게 되고 매우 폭력적이 된다는 것이다. 분노가 폭발하면 마치 필름이 끊긴 것처럼 아무것도 기억나지 않는다고 했다. 그가 화가 나는 과정을 따라가다 보니, 어렸을 적에 가족 중에 한 명이 다른 사람에게 맞아서 죽을 뻔한 것을 목격했던 기억이 떠올랐다. 그래서 그 사건 이후로 누군가와 싸운다는 것은 그에게 생명에 위협을 받는 일로 느끼게 된 것이다.

이들은 모두 자신의 성격 때문에 고민하지만, 실제로는 과거에 받은 상처가 해결되지 않았다는 공통점이 있다. 상처가 해결되지 않고 남아 있으면 유사한 자극에 몹시 예민하게 된다. 반대로 상처가 아물면 더이상 상처를 방어할 필요성이 없게 된다. 그러면 몸에서는 긴장이 풀어지고 마음에 여유가 생긴다. 이 여유만큼 상대의 말과 행동을 적절한 수준에서 받아들일 수 있게 된다. 좀더 상황을 폭넓게 바라볼 수 있게 되고, 적절하게 자신의 감정과 생각을 표현하면서 원만한 대인관계를 맺게 된다.

▌마음의 상처를 바라보고 보살피기

그렇다면 우리는 어떻게 마음의 상처를 돌볼 수 있을까? 몸에 상처 난 부위를 소독하고 약을 바르는 것처럼, 마음에도 그와 비슷한 것을 하면 된다. 우선 자신이 얼마나 아픈지를 알아차리고, 그 아픈 상처를 살펴봐야 한다. 혼자서 잘 볼 수 없다면 다른 사람과 대화를 하면서 찾아야 한다. 그러나 이 단계에서 어려움을 겪는 사람들이 많다. 우리 문화에서는 상처를 돌보기보다는 상처를 숨기고 참는 것이 강한 것이고, 그렇지 않으면 나약한 것이라고 생각하는 사람들이 많기 때문이다.

그럼에도 용기를 내어 다른 누군가에게 자신의 아픈 마음을 털어놓게 되면 그다음부터는 쉬워진다. 대화 과정에서 자신의 사연과 관련된 감정이 솟아오르면서 감정을 충분히 느끼고, 그것들을 따라가다 보면 신기하게도 그 감정들이 해소가 되고 마음이 편안해지는 경험을 하게 된다. 또한 감정과 연결된 몸의 긴장도 함께 풀어지게 된다. 많은 이들이 실컷 울고 나서 몸과 마음이 편해진 경험을 해본 적이 있을 것이다.

수민과 소희는 각자의 부모님에 대한 이야기를 하면서 마음속에 눌려 있던 감정들을 만나게 되었다. 처음에는 두려움과 수치심 때문에 얼어 있다가, 상담자의 위로를 받으면서 점차 내면의 슬픔을 접촉하게 되었다. 또 부모님에 대해 화나는 감정과도 접촉했고, 화를 충분히 경험하고 나자 부모님에 대한 연민의 감정과도 접촉하게 되었다. 이 과정을 통해 두 사람은 몸에 응어리진 감정과 긴장을 풀게 되었고, 과거의 경험과 현재의 상황을 다르게 바라볼 수 있는 여유를 갖게 되었다.

민수는 과거에 고통받은 경험에 대해 이야기하면서 많은 눈물을 흘렸다. 또한 감정과 연결된 몸을 풀어주는 일도 병행했다. 틱낫한(Thich Nhat Hanh) 스님이 저서 『화』에서 가르쳐준 방법으로 숨을 들이 마시고 내쉬며, 아픈 가슴을 부드럽게 쓸어주면서 마음이 점점 편안해지기 시작했다. 또 화가 나는 상황에서 심호흡을 하거나 자리를 피했고, 화나는 것을 '나 대화법'으로 표현하는 것을 배우면서 점차 갈등 상황에서 불안함이 줄어들고 편안하게 대처할 수 있게 되었다.

너무 아파서 피하고 싶고 상처를 바라보는 것조차 고통스러울지라도, 이들처럼 상처를 마주 대하면 그 순간부터 치유는 시작된다. 주변의 누군가에게 "나, 마음이 아프고 힘들어."라고 이 말부터 시작해보자. 상처는 부끄러운 것이 아니라 누구나 겪을 수밖에 없고, 오히려 상처를 보여주는 사람이 약하지 않은 거라고 생각하면 더 쉽게 용기를 낼 수 있다.

그림에 음영이 있으면 더 깊이가 있는 것처럼, 그늘이 있는 사람은 매혹적이다. 고흐에게 격렬한 고통과 상처가 없었다면 그의 작품은 다른 사람에게 발견되지 않았을지도 모른다. 베토벤과 슈

베르트의 삶도 고통과 아픔으로 점철된 삶이었고, 상처를 음악으로 표현하면서 자신의 영혼을 위로하고 지켜나갔다. 사람들은 예술가들의 상처를 사랑하고 경배한다. 또한 예술가가 아니더라도 다른 사람들의 상처를 만날 때 이상하게 보기보다 공감을 하고 안심할 수도 있다. 나만 상처가 있는 것이 아니라는 생각에 마음이 편해질 수 있다.

또 상처는 그 상처를 회복해나가는 과정에서 인간을 강인하게 만들어준다. 너무 큰 고통은 영혼을 붕괴시키지만, 견딜 수 있는 상처는 몸과 마음을 더 단단하게 만들어준다. 오히려 자주 아픈 사람이 오래 사는 것처럼, 마음도 많이 아파본 사람이 더 여유롭고 삶과 사람에 대한 포용력이 늘어간다. 물론 상처를 숨기지 않고 다른 사람에게 보여주고 함께 치유해나갈 때 그렇다.

한편 나는 당신이 상처를 숨기더라도 괜찮다고 말해주고 싶다. 사람은 숨고 싶을 때 숨고, 피하고 싶을 때 피하는 것도 필요하다. 주변에 돌봐주거나 바라봐줄 사람이 없다면 감추는 게 현명할 수도 있다. 괜히 꺼내봤자 속만 상하고 상처는 더 벌어진다. 얼마든지 감추고 숨겨라. 그러고 싶을 때까지 숨겨라. 당신 상처를 바라봐주고 사랑하는 사람을 만날 때까지, 혹은 당신이 스스로를 잘 돌볼 수 있는 방법을 알게 되는 순간까지 말이다.

상처가 있어도 괜찮다. 아니, 오히려 상처 있는 당신이 아름답다. 나는 상처가 있는 당신을 사랑한다. 당신의 상처 앞에 설 때

나는 숙연해지고 경외감을 느낀다. 당신은 당신의 상처 때문에 더 눈부시고 향기롭다.

▌나는 내성적인 성격이라 소심한 것 같아요

많은 사람들이 자신이 내성적이라서 열등하고 소심하다고 생각한다. 그런데 사실 내성적인 것과 소심한 것과는 아무런 상관이 없다. 내향성과 외향성 개념은 심리학자 칼 융(Carl Jung)이 제시한 것으로, 성격 유형 검사인 MBTI(Myers-Briggs Type Indicator)를 통해 많이 알려지게 되었다. 이 구분은 단지 에너지를 얻는 방향과 주의 초점 차이에 따른 분류이다. 외향적인 사람들은 환경과의 관계에서 에너지를 얻고, 내향적인 사람들은 에너지를 자기 내부의 활동으로 얻는다.

하지만 이런 구분을 너무 이분법적으로 도식화할 필요는 없다. 이를테면 혼자서 책을 읽거나 휴식을 취하면서 에너지를 얻는 내향형이 무대나 연단에서 더 활발하고 자신감 있게 행동할 수 있다. 연예인이나 명강사 중에도 내향적인 성격이지만 무대에 서면 폭발적으로 변하는 사람이 많다. 반대로 외향적이지만 발표할 때 긴장을 많이 하고, 사람들 앞에 설 때 부끄러움을 타는 사람도 많다.

외향성과 내향성은 고정된 것이 아니라 성장 과정에서 변화하기도 한다. 이것은 공동체에서 어떤 모습을 바람직하게 여기느냐에 따라, 성장 시기마다 주어지는 과제나 역할을 수행함에 따라 성격이 바뀌게 된다. 이를테면 여성들은 육아를 하면서 좀더 외향적이 되기도 하고, 남성들은 나이가 들면서 내향적이 되기도 한다.

당신이 소심하다면 그것은 단지 소심한 성격 때문이 아니라 안전감을 많이 추구하기 때문일 수 있다. 어떤 이유에서인지는 몰라도 당신은 위험한 것을 겪지 않으려고 돌다리를 두드리고 또 두드리는 것 뿐이다. 이것은 성격이 이상한 게 아니라 안전한 것이 더 중요했을 뿐이다. 그렇다면 당신은 삶에서 안전한 것이 왜 그렇게 중요했을까? 육체적으로나 정신적으로 생존에 위협이 되는 어떤 큰 사건이 있었던 것은 아닐까? 아니면 그런 큰 일이 없었더라도 그것이 당신에게 매우 중요한 의미가 되게 한 마음의 역사가 있을 수 있다.

▌나는 한 우물을 파지 못하는 성격이에요

은미는 이것저것 관심도 많고 무엇이든 조금씩은 하는데 정작 제대로 잘하는 것은 한 가지도 없는 것 같아 매사에 자신감이 떨어져 있다. 남들은 뭔가 한 가지 분야에서 재능을 보이고 성과를 내기도 하는데 자신은 모든 분야에서 남들을 따라가기가 매우 힘들다. 또 뭔가에 집중해서 하려고 해도 금세 흥미가 떨어지고 다른 것에 관심이 생겨서 자신이 인내심이 부족하다는 생각을 자주 한다.

우리 사회에서는 은미처럼 한 가지에 집중하지 않는 사람을 그다지 좋게 보지 않는 사람들이 많다. 가정이나 학교, 직장에서는 순종적이고 지시를 잘 따르는 사람을 선호한다. 불만 없이 묵묵히 할 일을 해내는 사람을 원하기 때문에 지루하거나 낡은 방식을 견디지 못하는 사람들은 인내심이 없거나 산만하다고 비난받는다.

정헌재의 『완두콩』에는 다음과 같은 멋진 표현이 나온다. "넌 왜 한 우물을 못 파니?"라는 말에 주인공 완두콩은 "난 여러 우물 파는 걸 즐겨."라고 대답한다. 세상에는 한 우물 파는 사람도 필요하지만, 여러 우물 파는 걸 즐기는 사람도 필요하다. 나 같은 상담가를 비롯해 성직자, 교사, 광고 기획자, 작가, 예술가, 모험적인 프로젝트를 하는 기획자들처럼 다양한 분야의 지식과 경험이 필요한 사람들에게는 여러 우물 파는 것을 즐기는 것도 필요하고, 우물을 창의적으로 파보는 경험도 필요하다.

▌새로운 창으로 나를 바라보기

우리는 성장하면서 사회에서 만들어준 색안경을 쓰고 세상을 바라본다. 내가 하는 어떤 행동에 대해 사람들은 '소심한', '게으른' '의지가 부족한' '인내심 없는' '충동적인' 등과 같은 평가를 덧붙이는데, 이를 의심 없이 받아들이면 나는 어딘가 부족하고 못난 사람이라는 생각에 빠져 우울하게 된다. 그런데 어린아이의 눈으로 있는 그대로를 바라보려고 노력하면 이런 평가들이 온당하지 않다는 것을 알게 되고, 새로운 시각으로 나와 타인을 더 잘 이해하고 긍정하게 된다.

심리학 용어에 '재구조화(reframing)'라는 것이 있다. 그림을 넣는 틀(액자)을 바꾸면 그림이 전혀 다르게 보이는 것처럼, 우리 자신의 마음이나 행동을 새로운 시각으로 바라보게 되면 그것이 전혀 다른 의미로 바뀌게 된다는 것이다. 앞에서 성격이 이상한 게 아니라 상처가 있을 뿐이라고 이야기한 것이나, 한 우물을 파지 못한다는 비난에 여러 우물 파는 것을 즐긴다고 대답한 것들이 모두 이에 해당한다.

평소 듣거나 쓰는 평가적인 말들을 돌아보자. 일상적인 말 중에는 '게으르다'와 같이 타인을 지배하고 이용하려는 사람들이 자주하는 것들이 많다. 이것들은 알게 모르게 족쇄가 되어 당신의 마음을 구속한다. 우리는 그런 평가들을 새로운 시각으로 바라보고 검토할 수 있다. 게으른 것이 아니라 필요한 휴식을 취하는 것일 수 있는 것처럼, 많은 평가들을 새롭게 검토한다면 우리는 좀더 자유로워질 수 있다. 그 과정에서 당신은 자신이 생각하는 것보다 더 '괜찮은 존재'라는 것을 알게 될 것이다.

나는 마음에 병이
있는 걸까요?

이 세상을 살아가면서 어느 누가 고통 없이 지나갈 수 있으랴?
당신은 병자가 아니다. 단지 그 고통에 배경과 역사가 있을 뿐이다.

민지는 자신이 발표할 때 목소리를 떠는 것이 너무 수치스러워 발표가 포함된 수업은 아예 수강신청을 하지 않았다. 그러다 대학을 졸업하고 취업을 위해 면접을 봐야 할 때가 오자 극도의 긴장감에 시달리게 되었다. 면접관 앞에 선 그녀는 덜덜 떨리는 목소리로 미리 준비해간 말도 거의 하지 못하고 절망감과 수치심에 사로잡혀 면접장을 빠져나왔다.

내게는 민지처럼 발표 불안을 가진 사람들이 많이 찾아온다. 이것이 심하면 사회생활을 하지 못하고 밖에 잘 나가지 않는 사회공포증으로 발전하는데, 나는 사회공포증이라는 진단명을 좋아하진 않는다. 왜냐하면 그것은 병이라기보다는 복잡한 사회적·문화적 배경 속에서 발달시켜온 하나의 생존방식이기 때문이다. 발표 불안을 가진 사람들을 사회공포증이라고 진단내리는 순간 그들은 정신병자로 낙인찍히고, 그로 인한 수치심 때문에 사람들 앞에 나서는 것을 더 두려워하게 된다.

이들은 자신이 문제가 병이라는 생각에 자신의 얼굴 빨개짐이나 목소리 떨림, 시선을 마주치면 느끼는 공포 같은 것들을 없애고 싶어한다. 심한 경우에는 학교나 직장 생활을 수행하지 못하기 때문에 자신들의 문제를 해결하는 데 매우 적극적으로 노력하는 사람들이 많다. 그런데 문제는 해결하려고 하면 할수록 더욱 심해진다는 것이다. 도대체 무슨 문제가 있기에 노력하면 더 나빠지는 것일까?

▌ 어둠을 없애려고 하는 사람들

인도의 철학자 오쇼 라즈니쉬(Osho Rajneesh)는 불안을 어둠에 비유했다. 그는 어둠을 쫓는 사나이에 대한 이야기를 들려준다. 한 사나이가 밤이 찾아와 깜깜해진 방안에서 어둠을 몰아내려고 애를 쓰지만 아무리 애를 써도 어둠은 사라지지 않았다. 라즈니

쉬는 이에 대해 어둠을 없애려고 하기보다 불을 켜면 되는 것처럼, 불안 역시 불안이 존재하는 것이 아니라 사랑이 필요한 것이라고 말한다. 즉 민지가 겪는 목소리 떨림과 같은 것들은 어둠과 같아서 아무리 없애려고 해도 되지 않는 것이다.

그렇다면 민지와 같은 사회적 상황에서 불안을 겪는 이들에게 방에 불을 켜는 것과 같은 행동들은 무엇일까? 그것은 발표 전에 잘못했던 기억보다 잘했던 경험을 기억하는 일, 발표 상황에서 무표정한 사람보다는 따스한 시선으로 날 바라보는 사람을 쳐다보는 일, 그리고 긴장을 하거나 떨더라도 그런 자신을 허용하고 애정 어린 눈으로 바라보는 일이다. 이런 일들이 어두운 방안에 불을 밝히는 것과 같은 행동이다.

사람들은 저마다 자신의 마음에 등불을 켜려고 노력한다. 어떤 이는 자원봉사와 같은 활동들을 통해 도움을 받았다고 이야기한다. 어려운 사람들을 도와주면서 자신이 괜찮은 사람이라는 느낌을 많이 받아 자신감이 많이 생겼고, 그 든든한 느낌이 일상생활에서 느끼는 두려움을 몰아내주었다는 것이다. 등산, 여행, 춤, 악기연주 같은 여가활동과 종교활동들이 도움이 되었다고 말하는 사람들이 많다. 그리고 아주 단순한 사실이지만 좀더 안정된 자세를 취하거나 깊이 숨을 쉬는 것만으로도 불안감이 나아졌다고 하는 경우도 있다.

▌사태를 악화시키는 악순환의 메커니즘

정신병이 아니지만 정신병처럼 느껴지게 만드는 또 다른 문제는 악순환이다. 공황장애 역시 사회공포증처럼 병이 아니지만 악순환으로 인해 병처럼 되어버리는 현상이다.

우리는 살면서 과로를 하거나 안 좋은 일들을 많이 겪으면 몸의 긴장이 심해질 수 있다. 그 긴장의 결과가 어느 날 갑자기 심장이 불규칙적으로 뛴다거나 호흡이 곤란하다거나 하는 일들로 나타날 수 있다. 그 순간 어떤 이들은 가볍게 놀라기는 하지만 컨디션이 좋지 않구나 하고 그냥 넘어가고, 또 어떤 이들은 공황 상태가 되기도 한다.

공황 상태에 빠지는 사람들은 그렇지 않은 사람들과 가장 큰 차이점이 있다. 그것은 바로 자신에게 나타나는 일에 몹시 놀란다는 것이다. '혹시 내 몸에 이상이 생긴 게 아닐까?' 하는 생각을 하며 놀란다. 그러면 몸은 그만큼 더 긴장을 한다. 긴장해서 심장이 뛴 것인데 긴장을 하니 심장은 더 요동을 치고, 그 결과 더 놀라게 된다. '설마 내가 죽는 게 아닐까?' 같은 생각들을 하고, 그 결과 신체현상이 심화되어 쓰러지는 일도 일어난다. 그래서 급히 응급실에 실려가 검사를 받지만 결과는 아무 이상이 없다고 나온다.

사회공포증 역시 공황장애와 마찬가지로 자신에게 나타난 반응들이나 사회적 단서를 잘못 지각하면서 나타난다. 살면서 우리는 어느 때고 긴장을 더 하는 날이 있는데, 그럴 때 남들 앞에서 발표를 하거나 글씨를 쓰면 떨게 된다. 그 순간 크게 신경 쓰지 않고 넘어가면 별 문제 없이 지나가지만, '내가 왜 이러지?!' 하고 당황하면 몸은 더 긴장한다. 그 결과 떨림은 심해지고, 그에 따라 목소리가 거의 울 것 같은 수준이 되면 쥐구멍이라도 들어가 숨고 싶어진다.

한 번 그런 경험을 하면 다음에 그와 비슷한 상황에서 또 그러지 않을까 하는 생각이 들 수 있고, 그것이 긴장을 유발시켜 생각한 대로 똑같은 일이 일어난다. 그런 일을 한두 번 더 반복하다 보면 자신이 정말 병에 걸렸다는 생각이 들고, 사회적 상황을 회피하게 된다. 우울증 역시 마찬가지다. 자신이 우울하다고 생각하는 많은 사람들이 더 우울하게 되는 이유는 자신이 우울하다는 것이 맘에 들지 않기 때문이다.

알코올중독에는 수치심이 큰 역할을 한다. 알코올중독 증상을 더욱 심각하게 만드는 것은 술을 마시는 자신의 행동에 대한 부정적인 의미 부여 과정으로 인해 나타나는 수치심이다. 생텍쥐베리는『어린 왕자』에서 이에 대해 다음과 같이 표현했다.

"왜 술을 마셔요?" 어린 왕자가 그에게 물었다.

"잊기 위해서지." 술꾼이 대답했다.

"무엇을 잊기 위해서예요?" 측은한 생각이 든 어린 왕자가 그에게
물었다.

"부끄럽다는 것을 잊어버리기 위해서지." 머리를 숙이며 술꾼이
대답했다.

"뭐가 부끄럽다는 거지요?" 그를 돕고 싶은 어린 왕자가 다시 캐
물었다.

"술을 마시는 게 부끄러워!" 이렇게 말하고 술꾼은 침묵을 지켰다.

　자신에게 일어난 현상들은 처음에는 그저 환절기 감기처럼 잠
시 나타난 일이거나 큰 문제가 아니었을지 모른다. 보통 사람들
은 감기에 대해 놀라지 않고 그저 지나가는 것으로 대하며, 맛있
는 음식을 먹거나 휴식을 취하는 데 시간을 보낸다. 그러나 불안
과 우울 같은 마음의 현상에 대해서는 잘 모르는 탓에 나에게 큰
일이 생겼다 생각하고 놀라기도 하고, 부정적으로 평가하면서 없
는 문제를 병으로 키워간다.

　불교에서는 이런 악순환을 오래 전부터 간파하고, 이를 '집착'
의 문제로 보았다. 초기 부처님의 가르침인 위빠사나 명상에서는
자신에게 일어난 현상들을 무시하지도 붙들지도 말고, 그저 지나
가는 구름처럼 흘러가도록 대하라고 가르쳐준다.

우리는 살면서 과로를 하거나 안 좋은 일들을 많이 겪으면
몸의 긴장이 심해질 수 있다.
그 긴장의 결과가 어느 날 갑자기 심장이 불규칙적으로 뛴다거나
호흡이 곤란하다거나 하는 일들로 나타날 수 있다.
그 순간 어떤 이들은 가볍게 놀라기는 하지만 컨디션이 좋지 않구나 하고
그냥 넘어가고, 또 어떤 이들은 공황 상태가 되기도 한다.

▍정신병을 키우는 사회

최근에는 드라마나 영화, 인터넷을 통해 정신적인 고통에 대해 이해하는 사람들이 많아지면서 정신과나 상담소를 방문하는 것을 덜 불편해한다. 하지만 여전히 우리 사회는 정신적인 문제에 대해 큰 공포를 가지고 있다. 이러한 공포는 현대에 이르러 마음의 고통을 가진 사람들을 비정상으로 분류하며 격리시켜온 지배권력의 정책에 의해 심화되었다. 미셸 푸코(Michel Poucault)는 정신병과 사회적 관계를 밝힌 『임상의학의 탄생』에서 이런 역사에 대해 상세히 밝혔다.

또한 정상인 것을 비정상으로 바꾸어 놓은 데는 정신의학의 상품화와 큰 관련이 있다. 거대 제약회사의 연구비를 받은 정신의학자들이 정신병 분류 기준들을 만들면서 기존에 병이 아닌 것들을 병으로 등장시켰는데, 크리스토퍼 레인(Christopher Lane)의 저서 『만들어진 우울증』에 이러한 역사가 자세히 나와 있다. 국내 사정은 더욱 심각한데, 얼마 전 모 방송사 TV 프로그램에서 우리나라 정신과 의사들이 유럽 기준보다 더 과도하게 진단을 내리고 약물처방을 한다는 보도가 나오기도 했다. 예를 들어 유럽에서는 ADHD(Attention Dificit Hyperactivity Disorder, 주의력결핍과잉행동장애)로 진단받지 않았을 청소년들이 우리나라에서는 쉽게 진단내려지고 약물치료의 대상이 된다.

진수는 학교에서 어른들의 관점으로는 주의가 산만하고 수업을 방해하는 아이다. 담임선생님의 권고에 따라 엄마와 함께 병원에 가서 ADHD 진단을 받고 정신병이 있는 것으로 낙인이 찍힌다. 나는 진수를 상담하면서 아이에게 온갖 복잡한 문제들이 얽혀 있다는 것을 알았다. 교실에서는 친구들의 무시, 왕따, 폭력이 비일비재했다. 또한 부모들은 진수를 억지로 밤늦게까지 학원에 보내 혹사시킨다. 쉴 틈 없이 팽팽한 긴장 속에서 살아가는 이 아이가 과연 온전히 수업에 집중할 수 있었을까? 진단을 받고 나서 진수는 결국 병자 아닌 병자가 되고 이에 대해 책임을 져야 할 선생님, 학급 친구들, 부모들은 책임을 지지 않아도 되었다.

인터넷에 떠돌아다니는 수많은 자가검사들과 정보들은 이러한 혼란을 더욱 부추기고 있다. "나는 무슨 무슨 증상이야."라며 찾아온 수많은 사람들 중에 진단 기준에 부합하는 사람들은 많지 않았다. 오히려 그냥 지나갈 수 있었던 것을 정신병이라고 생각해 문제가 커진 경우가 많았다.

하지만 명심하라. 당신은 정신병을 가진 정신병자가 결코 아니다. 당신의 고통에는 그 나름의 배경과 역사가 있다. 살아가면서 우리는 정말 힘든 시절을 보내기도 한다. 전쟁, 환경재앙, 각종 사고와 사건들, 배신과 왕따가 역병처럼 맴돌고 있다. 이런 가운데 어느 누가 고통 없이 이 세상을 살아갈 수 있으랴? 만약 그런 사람이 있다면 그는 정말 행운아다.

타인을 두려워하는 사람들에게 사회공포증이라는 딱지를 붙이지만, 다른 관점에서 보면 실제로 그들이 사람을 무서워하게 된 고통과 상처의 역사가 있는 것이다. 공황장애 역시 상담을 하다 보면 타인에 대한 신뢰가 끊어진 것이 핵심임을 알게 된다. 우리가 공황장애에서 나타나는 현상을 병이라고 규정하면 문제의 본질은 덮어두고 그 현상을 보인 사람만 문제삼게 된다.

▌문제는 '병'이 아니라 '소외'

불안하거나 우울해하는 많은 사람들이 나만 그런 게 아니라는 걸 알게 되면서 좋아지는 경우가 많다. 자신이 이상한 게 아니라 누구나 그럴 수 있는 문제라고 인식하는 순간, 다른 사람에게 자신의 힘든 문제를 이야기할 수 있게 된다. 그동안 자신이 정신이 이상한 사람 같아서 마음을 숨기느라고 너무 힘들었는데, 어느 날 용기를 내어 친구에게 얘기를 해보니, 그 친구도 같은 고민을 한다는 얘기를 듣는다. 그 순간 우리의 마음에 낀 먹구름이 걷힌다.

그렇게 얘기하는 것만으로도 마음이 많이 편해지고 몸과 마음에 활력이 생기면, 우리는 이게 말하지 못해 힘들었던 게 문제였다는 것을 깨닫는다. 내가 나를 오해해서 스스로 소외시켰거나, 다른 사람들에게 인정받지 못해 소외되었거나.

내 발목을
내가 잡고 있다고요?

기억, 생각, 상상 등의 차단행동에서 벗어나 감각을 많이 활용하자.
마음이 과거나 미래에 얽매이지 않고 지금 여기를 살 수 있게 된다.

우리는 '모든 것은 나 자신에게 달려 있다.'라고 생각하며 자신을 채찍질한다. '나는 의지가 부족해.'라고 생각하면서 좀더 분발할 것을 다짐한다. 그런데 굳게 마음먹은 것도 며칠이 못 가서 쉽게 포기하고 만다. '아, 나는 역시 안 되는구나.'라고 생각하며 방바닥에 머리를 박고 괴로워해도 답은 안 나온다. '나는 왜 이럴까?'라고 자책을 해봐도 늘어나는 건 한숨뿐이다. 그런데 우리는 왜 의지가 약한 것일까?

사실 '왜'라는 질문을 던지면 답이 잘 나오지 않는다. 이럴 때는 '어떻게'라는 질문이 좀더 도움이 된다. 우리는 어떻게 해서 하던 일에 집중하지 못하고, 때로는 무언가를 해보기도 전에 포기하고 마는 것일까? 이 대답을 찾기 위해 앞에 나온 어리석은 사나이 우화를 떠올려보자. 그 사나이가 어둠을 물리치는 방법은 딱 두 가지가 있다. 날이 밝을 때까지 기다리거나 방 안에 전등 스위치를 켜면 된다. 이처럼 마음에도 차단 스위치가 있는데, 의지나 의욕을 꺾어버리는 행동은 불을 끄기 위해 차단 스위치를 내리는 것과 같아 이를 차단행동이라고 한다.

인간이 행하는 차단행동은 모두 네 가지다. 그것은 기억, 생각, 상상, 이미지다. 공포를 유발하는 기억을 떠올리거나 상상을 할 때, 혹은 생각을 하거나 무서운 이미지를 떠올릴 때 근육은 긴장을 하고 에너지는 잘 흐르지 않게 된다. 당신이 무서워하는 어떤 동물이나 사람을 떠올리고 자신의 몸을 잘 살펴보면, 몸이 긴장을 하고 호흡이 얕아지는 것을 알아차릴 수 있을 것이다.

▌인간의 차단행동은 기억, 생각, 상상, 이미지

미현은 나에게 기억을 지우는 치료법이 있냐고 묻는다. 과거의 고통스러운 기억 때문에 죽고 싶은 생각도 여러 번 했단다. 기억을 하고 싶지 않은데 자꾸만 떠올라 불면증에 시달리고, 거리를 걸을 때나 일을 할 때에도 자꾸만 떠올라서 무언가에 집중하기 어렵다는 것이다. 많은 사람들이 그녀처럼 과거에 겪은 끔찍한 일들을 기억하면서 고통스러워한다.

경호는 자신이 왕따를 당했던 경험 때문에 사람들이 자신을 싫어할 거라고 굳게 믿고 있다. 아주 가끔은 '아닐지도 몰라.' 하는 생각도 들지만, 여전히 사람들이 나를 안 좋게 보고 싫어할 거라는 생각이 머릿속을 떠나지 않는다. 모임에 나가는 것은 물론이고 버스를 타거나 지하철을 타도 사람들을 제대로 쳐다보지 못한다.

정수는 딸의 결혼을 앞두고 한 달 후에 있을 상견례를 상상하면서 안절부절못한다. 그는 긴장되는 상황에서 수저를 들면 손을 떨기 때문에 사돈과 만나는 자리만 상상하면 심장이 두근거리고 식은땀을 흘리곤 한다. 이를 심리학에서는 '예기불안(anticipatory anxiety)'이라고 하는데, 실제 경험하는 불안보다 이 '예기불안' 때문에 더욱 고통스럽다고 하는 사람들이 많다.

서희는 대학시절 스토킹을 당해서 자신을 스토킹한 남자와 비슷하게 생긴 사람만 봐도 무서워서 심하게 긴장을 하곤 한다. 또 그녀는 남자 어른들이 매우 불편해서 직장의 남자 상사에게 보고할 때는 초긴장을 한다. 그녀가 가진 두려움을 탐색하다 보니 어린 시절 무척이나 무서웠던 아버지 이미지가 떠올랐다. 그 후로 나이든 남자와 편안하게 지내는 경험이 없었기에 어린 시절

각인된 이미지가 남자 어른 전체로 확산된 것 같았다.

이처럼 기억, 생각, 상상, 이미지는 부지불식간에 불쑥 떠올라서 공포감을 불러일으킨다. 과거에 대한 기억이든, 미래에 대한 상상이든 그것이 일어나는 순간은 현재이다. 고통스러웠던 과거를 기억하는 순간 우리의 몸은 마치 현재에서 그것이 일어난 것처럼 긴장을 하고, 미래에 대한 상상 역시 마찬가지로 현재에서 반응을 일으킨다. 마치 피가 잘 흐르고 있는 팔을 손으로 꽉 쥐면 피가 안 통하는 것과 같이 이 차단행동들은 몸을 긴장시켜 숨을 쉬기 어렵게 하고 피를 잘 돌지 못하게 한다. 그 결과 떨리기도 하고, 땀이 나기도 하며, 멍해지기도 한다.

▌차단행동에서 벗어나는 방법

차단행동이라고 하니 마치 내가 뭔가를 위해 행동하는, 즉 의도적으로 하는 행위로 느껴진다. 그렇다. 앞에서 말한 네 가지 차단행동들은 저절로 떠오르는 것 같지만, 더 정확하게는 우리가 스스로 하는 행동들이다. 인간은 외부의 위험에 대비하고 발전적인 미래를 위해 이런 내적체계를 발달시켜왔다. 외부의 위험에 둔감한 사람보다는 민감한 사람이 고통은 클지언정 위험을 대비하는 데는 더 낫다.

이러한 차단행동들이 일어나는 과정은 매우 빨라서 자동적으로 또는 프로이트(Sigmund Freud)의 말처럼 무의식적으로 일어나는 것 같다. 대부분의 사람들은 갑자기 불안이 확 밀려와 어찌할 수 없이 빨려 들어간다고 느낀다. 그러나 마음의 속도를 천천히 할 수만 있다면 이런 생각들을 볼 수 있게 된다. 게슈탈트 치료에서는 무의식이라기보다는 알아차릴 수 있는 영역으로 보는데, 명상에서 하는 것처럼 천천히 몸과 마음을 살펴보는 훈련을 하면 실제로 내가 하고 있는 생각 같은 것들을 알아차릴 수 있게 된다. 알아차리기만 하면 네 가지 차단행동들을 멈추고 다른 행동을 선택할 수 있게 된다.

많은 이들이 차단행동이라는 개념은 잘 모르지만, 자신이 생각에 너무 빠져 살고 있음을 발견하고 그것들에서 벗어나기 위해 다양한 노력을 한다. 이를테면 어떤 이들은 생각을 깊게 하거나 과거의 기억을 떠올리지 않으려고 애를 쓴다. 물론 이런 시도가 성공할 때도 있지만 오히려 더 많이 생각하게 되거나 기억하게 될 때도 있다.

실패하는 경우는 다음과 같다. 상담가들이 많이 활용하는 실험 중에 코끼리 실험이 있다. 지금부터 당신은 5초 동안 코끼리를 생각하지 않아야 한다. 책에서 눈을 떼고 5초만 코끼리를 생각하지 말자. 어땠는가? 대부분은 코끼리를 생각하지 않는 것에 실패하고 오히려 더 많이 생각하게 된다. 그 이유는 바로 우리가 무언가를 하지 않으려고 할 때 그 무언가를 마음에 떠올려야 하기 때문이다. 그래서 우리가 어떤 기억, 생각, 상상을 하지 않으려고 하면 할수록 더 심하게 할 수밖에 없다.

만약 당신이 코끼리 대신 사자나 토끼 같은 것을 생각했다면 정말 지혜로운 사람이라고 할 수 있다. 열에 아홉은 대부분 실패하기 때문이다. 물론 이 실험을 실패했다고 하더라도 아마도 당신은 성공했던 경험이 있을 것이다. 지루한 수업 시간에 어딘가에 놀러가는 상상을 해본 적이 있는가? 애인과 헤어지고 안 좋은 기억 대신 좋았던 기억만을 떠올려본 적이 있는가? 또 잡다한 생각을 떨치기 위해 음악을 들어본 적이 있는가? 길을 걸으며 생각에 잠겨 있다가 주변 환경과 사물들을 바라보거나 들려오는 소리에 귀 기울여본 적이 있는가? 기억이 잘 나지 않을지라도 당신은 이미 성공하는 방법을 행하며 산다.

이렇듯 차단행동에서 벗어나는 방법은 크게 두 가지가 있다. 다른 생각을 하거나, 감각을 사용하는 것이다. 다섯 가지 감각인 시각, 후각, 청각, 미각, 촉각에 접촉하는 모든 활동들은 차단행동에서 벗어나도록 돕는다. 그 이유는 우리가 동시에 두 가지를 다 할 수 없기 때문이다. 차단행동에서 벗어나 감각에 접촉하면 몸과 마음에 활력이 생기고 자신감도 솟아오르는데, 세 단계를 거쳐야 한다. 먼저 차단행동을 알아차려야 하고, 차단행동으로 긴장된 몸을 풀고, 감각에 집중해야 한다.

❙ 차단행동을 발견하고 이완행동으로

차단행동에서 벗어나려면 먼저 차단행동을 발견해야 한다. 그러나 차단행동을 알아차리기는 쉽지 않다. 그 속도가 매우 빠르기 때문이다. 그래서 마치 동영상을 느리게 재생하는 것과 같은 마음의 연습이 필요하다. 인류는 이를 위해 명상법을 발전시켜왔다. 현재 가장 널리 퍼진 명상법 중 하나인 위빠사나 명상은 매우 간단한 방법으로 마음에서 떠오르는 것(신체감각, 생각, 감정, 환경에서 오는 것 등)을 알아차리고 내려놓는 연습을 한다.

당신이 명상을 배우지 않았다고 하더라도 이미 당신은 생활 속에서 명상을 할 때처럼 알아차림을 하는 순간이 있다. 이를테면 정신없이 길을 가다가도 어느 순간 발걸음을 멈추어 '지금 내가 무슨 생각하면서 이렇게 빨리 걷고 있을까?'라며 생각한다거나, 밥을 먹는 속도가 점점 빨라지는 것을 알아차리고 '내가 처리해야 할 일을 생각하면서 빨라지고 있구나.' 하고 알아차려 본 적이 있을 것이다. 또한 일을 하다가 '아, 어깨가 굳어있네.' 하는 등 살면서 우리는 순간순간 멈추어 자신의 생각이나 감정, 몸 상태를 살필 때가 있다.

알아차리고 난 이후에는 차단행동으로 긴장된 몸을 풀어주는 것이 필요하다. 긴장된 상태에서는 다른 생각을 하거나 감각에 접촉하는 것이 힘들기 때문에 필수적으로 몸을 풀어줘야 한다.

이를 위해 Part 4에 '긴장을 풀어주는 신체감각 알아차림'과 '릴 랙스와 멈춤연 명상으로 여기에 집중하기'를 소개해놓았다. 그리 고 당신도 이미 실천하고 있는 방법들이 있을 것이다. 하품을 한 다거나, 한숨을 쉬는 것, 스트레칭을 하는 것 등 당신은 알게 모 르게 긴장을 푸는 행동을 하며 살고 있다.

▌ 이완행동에서 감각으로

몸을 풀고 난 후에는 감각이 더 잘 열리고 새로운 느낌을 맞이 할 수 있다. 그냥 하늘을 쳐다보는 것보다 심호흡을 해서 긴장이 풀린 상태에서 쳐다보는 하늘은 더 생생하다. 또 샤워를 하고 난 후에 마시는 차 한 잔은 얼마나 감미로운가? 잠을 충분히 자고 난 후에 듣는 새소리나 바람소리는 또 얼마나 마음 깊숙이 들어 오는가?

감각에 머무르기 위해 우리는 다양한 활동들을 한다. 영화를 보고, 음악을 듣고, 춤을 추기도 하고, 여행을 떠나기도 한다. 이 런 여가나 취미활동들이 즐거운 이유는 생각에서 벗어나서 긴장 을 풀 수 있고, 또 다양한 감각체험을 할 수 있기 때문이다. 어떤 활동이 어떤 감각을 사용하고, 그것이 어떻게 도움이 되는지에 대해서는 Part 4의 '마음 성장을 위한 여가와 취미생활'에서 더 자세히 설명하겠다.

　당신이 알아차리지 못하더라도 마음이 불안하거나 우울하다면, 그때는 차단행동이 일어나고 있음을 알고 다음의 말을 기억하자. 게슈탈트 치료의 창시자 프리츠 펄스(Fritz Perls)는 "생각에서 벗어나 감각으로 돌아오십시오."라고 말했다.

내가 나를
너무 학대하고 있다고요?

음식을 먹을 때 씹어서 먹지 않으면 소화가 잘되지 않는 것처럼,
타인의 목소리를 비판 없이 받아들이면 나중에 문제를 일으킨다.

게슈탈트 심리치료에는 '상전과 하인(top dog & under dog)'이라
는 개념이 있다. 지금은 노비제도가 사라졌지만 해방 전만 하더
라도 노비들이 있었고, 그들은 가혹한 상전 밑에서 인간 취급을
받지 못하고 과중한 노동에 혹사당하던 일이 많았다. 이처럼 내
면에도 상전과 하인이 있어 상전은 하인에게 야단을 치고 때로
는 폭력을 쓰기도 한다. 실제로 누군가가 나를 괴롭히면 알아차
리기 어렵지 않아 대응할 수 있지만, 내면의 상전은 발견하기 어
려워 수없이 구박을 당해도 당하는지조차 모른다는 게 문제다.

이 내면의 괴롭히는 목소리는 워낙 빠르게 지나가서 잘 알아차리기 어렵다. 습관적으로 빠르게 돌아가는 생각이기 때문에 발견하기 쉽지 않은 것이다. 마치 권투선수가 링 위에서 상대방과 싸우지만 상대방이 보이지 않고, 주먹이 어디서 날아오는지도 모르는 채 정신없이 얻어맞는 것과 같다. 그래서 심리학자들은 이 보이지 않는 주먹을 발견하기 위해 여러 가지 방법을 사용해왔다. 그 중에 하나가 '투사(projection)'를 발견하는 방법이다.

심리학에서 '투사'란 자신의 생각이나 욕구, 감정 등을 타인의 것으로 지각하는 현상이다. 마치 빔 프로젝터로 화면에 빛 그림을 쏘면 실제는 영사기에서 나온 것이지만 관객은 화면에 뭔가 있는 것처럼 느끼는 것과 마찬가지인 현상이다. 그래서 이 '투사'를 발견하기 위해서 게슈탈트 치료에서는 '되어보기'를 사용한다. 나를 비난할 거라고 추측되는 상대방이 되어 나에 대해 직접 비난을 해보면 그것이 상대방에게서 온 것이 아니라 내 마음에서 온 것임을 깨달을 수 있는 것이다.

다음에 나오는 사례들에서 내담자들은 내면에서 들려오는 목소리를 발견하기 위해 자신을 비난할 것 같은 상대방이 되어 마음에 들지 않는 자신을 앞에 두고 비난을 한다. 그리고 또 다시 입장을 바꾸어 자기 자신이 비난한 상대방에게 하고 싶은 말을 표현하는 과정도 보여준다. 이 작업을 통해 투사가 거두어지고 내면의 상전이 하인을 구박하는 모습이 드러나게 된다.

▌ 나를 찾아가는 거야

영호는 직장에서 해고를 당했다. 자신이 무능력하고 사회 부
적응자라고 생각하며 우울해하고 있었다.

나: 자신을 닮은 물건을 하나 골라보시겠어요?

영호: (꽃 화분을 고른다)

나: 사람들이 영호 씨를 보고 뭐라고 할 것 같은지 영호 씨가 그
사람 입장이 되어 나 자신(화분을 가리키며)에게 직설적으로 말해
보시겠어요?

영호(타인의 입장): 네가 얼마나 능력이 없었으면 회사에서 잘렸겠
니? (웃음)

나: 그 말 하시면서 웃으시네요? 계속해보세요. 잘하고 계세요.

영호(타인의 입장): 또 직장이 있어야만 결혼할 수 있잖아. 직장이
있어야 상대 아버지 식구들에게 당당할 수 있지 않겠니? 우리나
라에서 놀고 있다는 것은 쪽팔린 거야. 우리나라뿐만 아니라 전
세계적으로 어떻게 보면 너는 사회부적응자야.

나: 지금 기분이 어떠세요?

영호(자기 자신으로): 화가 나요.

나: 그 감정을 느껴보시겠어요.

영호(자기 자신으로): (잠시 화난 감정을 느껴본다)

나: 그 화를 느껴가면서 자신에게 그렇게 말한 상대방에게 이야기를 해보시겠어요?

영호(자기 자신으로): 우리나라 사람들은 내가 볼 때 아무 생각 없이 살고 있어. 남이 하는 대로 똑같이 말이야. 우리나라는 공부 잘하고 좋은 집안 사람과 결혼해서 사는 게 끝이야. 그게 너의 전부야. 그래서 다른 사람들이 너를 좋아하는 거지, 네가 너를 좋아하는 게 아냐. 네가 아니란 말이야. 나 같은 경우는 놀고 있지만 나를 좀 찾아가고 있는 거 같아. 나는 나를 찾고 있는 과정이라 생각하지 놀고 있다고 생각하지 않아. 돈 못 번다고 놀고 있는 게 아니야. 나만의 소중한 시간을 너희들 마음대로 이야기하는 것 자체가 잘못된 거야. 나는 나 자신에게 당당해. 나는 결국에는 내가 좋아하는 직업과 내가 잘할 수 있는 일을 찾게 될 거야. 지금은 그걸 찾는 과정이라고 생각해. 완벽하지는 않지만 언젠가는 근접하게 될 거라고. 그러니까 네가 이야기하는 것은 틀렸어.

나: 저 지금 감동했어요. 지금 몸 상태와 기분이 어떠세요?

영호: 속이 시원하고 화내고 나니까 이완되는 것 같아요.

나: 무슨 생각이 들었는지 아세요? 정말 멋있다고 생각했어요. "나를 찾아가는 거야."라는 그 말이 정말 감동적이었어요.

영호는 다른 사람의 입장이 되어 자신을 비난하고 그에 대응하는 대화를 했지만, 사실은 다른 사람이 아닌 자기 자신(상전)이 자신(하인)을 비난하고 있었던 것이다. 의기소침해 있던 자신의 부분(하인)이 화나는 감정과 접촉하면서 점점 목소리도 커지고 몸의 긴장도 풀리는 과정이었다.

▌네가 그런 식이니까 내가 우울해지잖아

선희는 자신의 외모와 옷 입는 것 때문에 마음이 불안하고 위축되어 있다. 나는 의자를 두 개 가져다 놓고, 한쪽 의자는 자신을 안 좋게 볼 것 같은 타인의 자리이고, 다른 의자는 의기소침해 있는 자기 자신이 앉는 자리라고 설명해주었다. 그녀는 자신을 안 좋게 볼 것 같은 사람으로 친구를 선택했다. 그리고 그 친구가 되어 앞에 자기 자신이 앉아 있다고 상상하면서 맘에 안 드는 점을 말해보라고 했다.

> **선희(친구 입장에서):** (앞에 빈 의자를 가리키며) 야, 너 왜 옷을 그렇게 입어? 너무 없어 보이잖아! 너는 옷 입는 센스가 없는 거 같아. 넌 너무 궁상맞게 하고 다녀. 구두도 신고 치마도 입고 화장도 하고, 이쁘게 하고 다니면 좋잖아? 항상 게으르고 편한 것만 좋아하고. 그러고 다니다가 남들에게 욕만 먹고, 빈티 나고, 추레해 보이고 너무 안 좋은 거 같아.

나: 의자를 바꿔 앉아보시겠어요? 지금 앉은 자리는 그 이야기를 듣고 의기소침해 있는 자신이에요. 지금 기분이 어떠세요?

선희(자기 자신으로): 저는 위축되어 있고 작은 느낌, 아기 같은 느낌이라고 할까, 눈치보면서 가시방석에 앉은 것 같은 그런 이미지가 떠올라요. 불쌍하고 안된 거 같아요. 새삼스럽기도 하고요. 내가 그렇게 생각한다는 건 알고 있었는데, 이런 상황을 가정해보니 내가 실제보다 크게 생각하고 있었구나 싶어요.

나: 아까 저쪽 이야기에 대답하고 싶은 말이 있나요?

선희(자기 자신으로): '네가 뭔 상관이야, 내가 편하게 입고 싶다는데'라고 생각했지만 마음은 잘못 느끼는 것 같아요.

나: 위축되어 말도 못 건네고 혼잣말을 하고 있거든요. 알아차려지세요?

선희(자기 자신으로): 차마 말이 안 나와요. 잘 모르겠어요. 그게 다가 아니라는 생각은 들지만, 마음은 다운되는 거 같아요.

나: 그럼 다시 비난하는 친구 입장으로 바꿔보시겠어요?

선희(친구 입장에서): 너는 하이힐을 신든 운동화를 신든 원래 항상 못났고 항상 피곤하잖아. 네가 문제지. 너는 돈이 없으니까 이쁜 옷도 못 사입는 거 같아.

나: 그 말 듣고 기분이 어떠세요?

선희(자기 자신으로): 화가 나요.

나: 친구한테 대답하고 싶은 말이 있나요?

선희(자기 자신으로): 네가 항상 그런 식이니까 내가 힘들어하고 답답해하고 우울해한 거잖아. 네가 그런 생각을 하지 않았으면 그런대로 나쁘지 않았을 텐데. 네가 트집을 잡으려고 하니 어떻게 만족스러울 수 있겠냐.

나: 그 이야기를 하시니까 지금 기분이 어떠세요?

선희(자기 자신으로): 많이 혼낸 거 같아요. 충분하지 않지만 할 이야기는 다한 거 같아요.

선희가 평소 우울해하고 위축되어 있는 것은 자신 안에서 자신을 마음에 들어하지 않는 목소리 때문이라는 것을 발견한 과정이었다. 어쩌면 그녀의 실제 친구가 그렇게 선희를 바라보고 있는지도 모른다. 아마 물어보면 대답을 들을 수도 있을 것이다. 하지만 그보다는 선희가 다른 사람도 자신을 그렇게 볼 거라고 추측하고 있었기 때문에, 나는 그녀가 자신을 마음에 들어하지 않는 것은 결국 자기 자신이라고 좀더 확신할 수 있었다.

이 작업을 통해 선희는 자기가 자신을 못마땅하게 보고 있었다는 것을 알게 되었다. 그리고 그런 목소리를 낼 때마다 위축되는 몸과 마음을 알아차릴 수 있게 되어, 그다음부터는 점차 자신을 덜 비난하고 이해하는 쪽으로 나아가게 되었다. 우울해지는 과정에서도 좀더 빨리 발을 뺄 수 있게 되었다.

▌야단치는 나, 상전의 역사

수영은 자신에게 수도 없이 욕을 한다. '병신 같은 자식, 넌 쓰레기야. 게으르고 약해 빠졌어!'라고 하며 끝도 없이 되뇌인다. 내가 "왜 그렇게 스스로를 구박하세요?" 하고 물어보자 수영은 경쟁에서 도태되지 않고 살아남기 위해서는 이렇게 할 수밖에 없다고 한다. 그런데 그렇게 해도 하는 일은 잘되지 않았고 자신감은 더욱 바닥을 쳤다. 불안하고 우울한 마음이 심해졌음은 물론이다.

그래서 난 수영에게 자신의 마음을 볼 수 있도록 앞에 인형을 두고 대화하도록 제안했다. 야단을 치는 자신을 대표하는 인형과 야단맞고 기가 죽어 있는 나를 대표하는 인형을 고르게 했다.

나: 야단을 치는 자신 인형이 기가 죽어 있는 자신 인형에게 "야, 너 맘에 안 들어!"라고 해보시겠어요?

수영: 야, 너 맘에 안 들어!

나: 맘에 안 드는 점을 이야기해보시겠어요?

수영: 넌 너무 게으르고 의지가 없어! 매일 할 일을 미뤄두기만 하고, 넌 정말 한심하기 짝이 없는 애야!

그러다 갑자기 수영의 표정이 슬퍼보인다.

나: 슬퍼하시네요. 어떤 게 떠오르시나요?

수영: 아버지가 떠올라요. (눈물을 흘린다) 아버지가 어릴 때 저한테 그렇게 말씀하시곤 했어요. 아버지는 언제나 나를 못마땅해하시고 큰 소리로 한심하다고 야단을 치셨어요.

나는 수영과 그녀의 아버지 이야기를 하면서 아팠던 상처를 어루만지는 시간을 가졌다. 그리고 아버지가 빈 의자에 앉아 있다고 상상하면서 하고 싶은 이야기를 할 수 있도록 도와줬다. 한참을 울고 또 하고 싶었던 이야기를 하고 난 다음에 수영은 마음이 좀더 편해지게 되었다. 그 후로 그녀는 자신이 무서워하고 싫어하던 아버지의 목소리를 따라 하고 있다는 것을 알아차리면서 점차 다른 방식으로 자신을 대하는 방법을 고민하게 되었다.

게슈탈트 심리상담에서는 이런 현상을 '내사(introspection)'라 한다. 음식을 먹을 때 꼭꼭 씹어서 먹지 않으면 소화가 잘 되지 않는 것처럼, 중요한 타인의 목소리를 비판 없이 받아들이면 마음에 독소로 남아 문제를 일으킨다. 앞서 말한 내면의 상전과 하인처럼 이런 내사는 잘 알아차리기 어렵고, 과거의 일을 현재에서 계속 재현시켜 고통의 수렁에서 빠져나오기 어렵게 만든다.

우리는 내사된 해로운 목소리를 비판하는 목소리로 가지고 있다. 또 다른 내담자 선우에게 나는 야단맞는 입장(하인)에서 기분이 어떠냐고 물어보고, 다시 야단치는 나(상전)에게 그 마음을 이야기해보라고 했다.

선우(상전): 넌 정말 병신 같아. 매일 게임만 하고… 너는 의지박약이야.

나: 자리를 바꾸어 앉아보시겠어요? 지금 자리는 욕을 듣고 위축되어 있는 자신이에요. 기분이 어떠세요?

선우(하인): 나… 힘들어. (눈물을 흘리며) 나는 이렇게 힘들고 어려운 상황인데 넌 너무 심한 거 같아.

선우(상전): (울먹거리며) 내가 심하게 한 것은 미안해… 그런데 난 네가 잘되라고 그러는 거야. 이렇게 하면 사람들이 너를 싫어할 거야.

나: 사람들이 싫어할까 봐 두려우셨네요.

선우(상전): (눈물을 흘리며) 네… 사람들이 나를 다시 싫어하고 따돌림을 당할까 봐 두려워요.

선우는 눈물을 흘리며 초등학교 시절에 왕따를 당한 이야기를 시작했다. 그 이후로 또다시 그렇게 될까 봐 자신을 몰아세우게 된 것이다. 그는 상담 과정을 통해 자신이 스스로를 너무 심하게 몰아세우고 있다는 것은 알게 되었다. 이것은 또다시 왕따가 될 것 같은 두려움이 훨씬 커서 계속해서 자신을 야단치는 것 이외에는 다른 방법을 달리 생각할 수 없었던 것이다.

▌내면의 상전과 하인이 손을 잡다

수영과 선우는 자신의 내면이 상전과 하인으로 나뉘어 한쪽은 심하게 야단을 치고, 야단을 맞는 쪽은 우울함과 아무것도 하지 않는 행동으로 대립하고 있음을 알게 되었다. 이후로 그들은 내면의 두 부분을 서로 이해하며 어떻게 협력할 수 있을지에 대해 이야기하는 시간을 가졌다. 하인은 상전에게 친절하게 가르쳐줄 것을 요청하고, 상전은 하인에게 분발할 것을 요청했다. 그러면서 그들 내면의 두 부분은 좀더 협력적인 관계가 되었다.

이런 내면의 역사는 공동체의 역사와 무관하지 않다. 청소년들을 상담하다 보면 폭력적인 부모들을 만나는데, 나는 그들도 자신들의 부모들에게 똑같이 혹은 더 심하게 대우받았다는 것을 알게 되었다. 그들은 일제시대와 한국전쟁, 독재시대를 거치면서 수많은 폭력과 학대 속에서 자랐다. 그 안에서 자신들의 상처를 제대로 돌보지 못하면서, 혹은 폭력에 대해 무뎌지면서 타인에 대한 폭력에도 무감각해진 것이다. 물론 아이들에 대한 폭력을 용납할 수는 없지만, 자신들 스스로 겪은 것보다 훨씬 더 아이들에게 잘해주는데 아이들이 반항하는 모습에 몹시 억울해하는 것은 이해가 되었다.

우리나라 사람들은 참으로 험난한 세월을 살아왔다. 외세의 침입과 민족의 분단으로 서로를 죽이고 죽는 기구한 역사를 보냈다. 그 역사 속에서 상처를 입은 개인들은 여전히 생활 속에서 전쟁을 치루고 있다. 그 안에서 고통을 겪는 개인들이 혼자 할 수 있는 일이란 많지 않다. 정치, 경제, 사회 모든 분야에서 건강한 공동체가 이루어질 수 있도록 각 분야의 모든 사람들이 노력해야 할 것이다. 그리고 개인은 자신의 내면에서 일어나는 분열의 역사를 알아차리고, 자기 자신에 대해 이해하고 수용하는 과정을 통해 점차 자신감을 회복할 수 있을 것이다. 자신감이 있는 사람은 자신과 타인을 위해 좀더 건설적인 일들을 할 수 있을 것이다.

나는 나에게
좋은 보호자가 될 수 있다

나를 친절하게 대한다는 것은 구체적인 실천 지침을 내려주고,
어떤 일을 잘 할 수 있게 잘 먹고 잘 쉬는 것들을 포함한다.

나는 어느 날 길을 걷다가 아스팔트 도로 한 귀퉁이에서 신기한 것을 본 적이 있다. 아스팔트가 갈라지고 부서진 틈 사이로 민들레 한 송이가 피어 있었던 것이다. 어떻게 저기에서 꽃이 피어났을까 너무나도 신기했다. 생명이 살아갈 수 있을 것 같지 않은 곳에 뿌리를 내리고 꽃을 피운 그 생명이 놀랍고 경이롭고 감동적이었다.

내게 찾아온 이들 중에서는 그 민들레처럼 도저히 견뎌낼 수 있을 것 같지 않은 환경에서도 생존해온 사람들이 있다. 윤희도

그런 사람들 중 하나였다. 그녀는 어린 시절부터 친족 성폭력을 포함해 각종 학대와 방임 속에서 자랐다. 나는 그녀의 비참한 어린 시절 이야기를 들으며 마음이 아팠지만, 한편으로는 그녀가 여러 심리적 고통에도 나름대로 잘 살아가고 있는 모습을 보면서 존경스러운 마음도 들었다.

많은 이들이 윤희처럼 비참한 현실 속에서 성장하면서 일부는 삶을 포기하고, 일부는 어떻게든 살아남는다. 살아남는 것이 꼭 강한 것은 아니지만, 물질적으로나 정신적으로나 사막 같은 환경에서 살아남는 이들은 강인한 생명력과 적응력을 보여주고, 보는 이로 하여금 많은 감동을 느끼게 한다. 이들은 보호자가 해주지 못한 것을 자신 스스로 해왔다. 그들은 어떻게 그렇게 할 수 있었을까?

▎자신을 잘 돌보며 살아온 사람들

빅터 프랭클의 『죽음의 수용소에서』에는 아우슈비츠 수용자들이 살아남을 수 있었던 여러 가지 요소 중 하나로 무감각을 꼽는다. 고통이 계속 주어지고 그것을 해결할 수 없는 상황에서 최선은 상황이나 자신의 감정에 무감각해지는 것이다.

윤희도 어린 시절을 기억하지 않거나 자신이 겪은 일을 무덤

덤하게 생각하는 방식으로 자신을 보호해왔다. 그러다 상담소에 찾아와 고통을 치유할 수 있는 상황이 되었을 때에야 자신이 겪은 일이 얼마나 가슴 아픈 일이었는지를 느끼고 기억도 되살아나게 되었다.

그녀가 이 세상에서 생존하기 위해 마련했던 또 다른 방법은 환경에서 부족한 것들을 그녀 스스로 해주는 것이었다. 그녀는 자주 상상의 나래를 펼쳤다. 상상 속에서 그녀는 행복한 이야기를 만들어내거나 아름다운 것들을 떠올리면서 현실 속에서 느끼지 못한 긍정적인 감정들을 경험할 수 있었다. 또한 산책을 하거나 자전거를 타면서 자연에 대한 감수성을 키워왔는데, 여기서 얻는 행복한 경험이 그녀가 현실의 고통을 벗어나는 데 큰 도움을 주었다.

그녀가 예술활동이나 자연에서 키운 감수성은 자기 자신과 타인에 대한 공감능력으로 연결되었다. 이런 공감능력은 상담 과정에서 자신을 돌보고 치유하는 데 놀라운 힘을 발휘했다. 감정과 욕구를 잘 알아차림으로써 자신을 더 잘 이해하고 위로할 수 있었고, 필요한 것을 스스로 해나갔다.

윤희 외에도 자신을 잘 돌보며 지내는 사람들이 많다. 자신을 게으르고 나약하다고 구박하던 민수는 어느 날 자기 자신에게 무조건 야단을 치기보다는 좀더 실천할 수 있는 작은 것들을 찾아봐야겠다고 마음먹게 되었다. 게으르다고 느껴질 때 '그래도 괜찮다.'라고 이야기해주면서 자신을 위로하기 시작했다. 또 서희는 기독교 신자인데 가끔 '하나님이라면 이렇게 말씀하시겠지.'라고 상상하면서 자신에게 좋은 말들을 들려준다고 한다. 경민은 믿고 있는 특별한 종교는 없지만 힘들 때마다 돌아가신 부모님 산소에 찾아가 부모님이 들려줄 위로의 말을 상상한다.

이 밖에도 우리는 자신을 위해 음식을 사먹거나, 창문을 열어 환기를 하거나, 친구에게 전화를 건다. TV를 시청하거나 컴퓨터 게임을 하는 것도 복잡한 생각에서 벗어나 즐거움을 경험하는 긍정적인 부분이 있다. 어떤 이는 매운 음식을 먹는 것과 같이 자극적인 것을 통해서 정신적인 스트레스를 잊기도 한다. 물론 어떤 것들은 과하면 건강에 해를 주기도 한다. 하지만 그 이면에는 자신을 돌보는 생존 본능이 발휘되고 있는 것이다.

자신을 사랑하는 것은 자신에게 선물을 주는 것도 포함한다. 이를테면 나를 위해 장미꽃 한 송이를 사거나 특별한 음식을 먹을 수도 있다. 자신에게 선물을 해준다니 이 얼마나 근사한 말인가! 나는 가끔 고생하고 난 후에는 맛있는 음식을 사먹거나, 피곤할 때는 택시 타는 것을 선물로 주기도 하고, 따뜻한 햇볕을 선물해주기도 한다. 그저 일상적으로 하는 행위라고 생각할 수도 있지만, 내가 필요할 때 나를 위해 선물한다고 생각하고 행동하면 마음이 느끼는 행복감은 아주 크다.

나를 친절하게 대한다는 것은 무언가를 할 때 충분한 시간과 여유를 주는 것이다.
그리고 추상적이기보다는 구체적인 실천 지침을 내려주는 것,
어떤 일을 잘할 수 있는 에너지를 확보하기 위해 잘 먹고 잘 쉬는 것들을 포함한다.
그리고 자신이 어떤 사람인지를 잘 이해하고,
자신에게 맞는 방법으로 해볼 수 있도록 돕는 것도 필요하다.

▌ 나를 친절하게 대한다는 것

나는 2001년도에 충남 논산에서 5박 6일간 진행된 명상 워크숍에 참여한 적이 있다. 그때 진행자였던 미국 명상가 그레고리 크레머(Gregory Kramer)는 내게 다음과 같은 말을 해주었다. "Be kind yourself!" 나는 이 말이 신선한 충격으로 다가왔다. 남들에게 친절하라는 말은 많이 들어왔지만, 내게 친절해야 한다는 생각은 해본 적이 없었기 때문이다.

그러나 나는 그 당시 그 말을 실천하기보다는 매우 불친절한 방식으로 명상수행에 욕심을 냈다. 워크숍 이후에 갑작스럽게 스님이 된 것처럼 행동을 하기 시작했고, 명상센터에 들어가서 하루 종일 자세를 잡고 명상을 하려고 무리하기도 했다. 물론 평소하지 않던 것을 갑작스럽게 많이 한다고 잘될 리가 없다. 결국 집중도 잘 못하고 오래 버티지 못했는데, 그런 내 자신에 대해 한심해하면서 결국은 명상센터에 나가는 것을 포기하게 되었다. 그후로 나는 내 자신에게 친절해지고 다시 명상을 실천하기까지 여러 해가 걸렸다.

나를 친절하게 대한다는 것은 무언가를 할 때 충분한 시간과 여유를 주는 것이다. 그리고 추상적이기보다는 구체적인 실천 지침을 내려주는 것, 어떤 일을 잘할 수 있는 에너지를 확보하기 위해 잘 먹고 잘 쉬는 것들을 포함한다. 그리고 자신이 어떤 사람인지를 잘 이해하고, 자신에게 맞는 방법으로 해볼 수 있도록 돕는 것도 필요하다.

주변을 돌아보면 자신에게 친절하게 대하는 모습들을 찾아볼 수 있다. 남들이 무리해서 일할 때 자신이 할 수 있는 만큼만 하고, 그래도 괜찮다고 스스로에게 말하는 사람이 있다. 뭔가 교양 있어 보이기 위해 읽어야 할 것 같은 책들을 사는 대신, 읽고 싶은 책을 사는 사람도 있다. 또 어떤 사람은 두꺼운 책을 여러 권으로 쪼개서 공부하는데, 그렇게 하면 자신이 공부를 많이 했다고 칭찬해주기 쉽기 때문이다.

▌ 자신을 잘 돌보는 사람들이 하는 비교

학생들이나 수험생들 중에는 공부에 대한 압박감은 심한데 정작 공부는 하지 않고 컴퓨터 게임에 몰두하거나 무기력하게 잠만 자는 경우가 많다. 부모들은 이런 자식들을 보면서 왜 열심히 살지 않느냐고 야단을 치는데, 사실 그들이 무기력해진 건 열심히 살아볼 마음이 없어서가 아니다. 너무나도 잘해보고 싶지만 도달해야 할 목표가 너무 거대하고 자신의 현재 수준은 너무 낮기에 그 간격차가 어찌해보기에는 너무 크게 느껴져 절망하는 것이다.

이들이 처한 현실에 대한 이야기를 듣다 보면 이들의 무기력한 모습을 개인 탓으로만 돌려서는 안 된다는 생각이 든다. 과정보다 결과를 중시하고, 다수보다는 소수를 선택하고, 그 외에 나머지를 잉여로 만들어버리는 사회 시스템은 노력하려는 의지를 꺾어버린다. 끊임없이 스펙을 쌓아야 하고, 사회에서 요구하는 일정 기준에 이르지 못하면 낙오자가 되어버리는 현실에서 희망을 찾기란 그리 쉬운 일은 아니다.

무기력함을 더욱 증가시키는 개인적인 요인으로는 남과 비교하는 것을 들 수 있다. 물론 인간은 타인과 나를 비교하는 가운데 남의 것을 모방하기도 하고, 뛰어넘으려는 노력을 하면서 발전해왔기 때문에 비교가 꼭 부정적인 것만은 아니다. 그러나 개인의 존엄성과 고유성을 고려하지 않고 획일화된 잣대에 강제로 끼워 넣는 비교를 하게 되면 열등감이 높아지고 자신감은 떨어지게 된다. 내가 못났다는 생각에 사로잡히면 뭔가를 해볼 의욕이 나지 않는다.

반면에 자신을 잘 돌보는 사람은 타인과 비교하기보다 나의 어제와 오늘을 비교한다. 남들과 비교해서 괴로운 마음이 들기도 하지만, 어제보다 오늘 하루 나아진 것이 있는 것을 찾아내서 자신을 칭찬하고 격려한다. 이를테면 자신이 잘하지 못하는 것을 공부할 때 나보다 잘하는 사람과 비교하기보다 '어제보다 이만큼 더 알게 됐구나!' 하고 생각하면, 마음도 뿌듯해지고 자신감도 생긴다. 열등감을 자책하는 방향으로 활용할 수도 있지만, 배우는 즐거움에 집중하는 데 활용하는 사람은 어려움을 이겨나갈 수 있다.

▌인생은 단거리 경주가 아닌 마라톤이다

대학원 시절, 나는 쫓기는 꿈을 많이 꾸었다. 고등학교 시절로 돌아가 수학 시험을 보는데, 시험공부를 제대로 하지 못해 문제를 풀지 못하는 꿈을 자주 꾸었다. 그 당시 현실에서도 꿈에서처럼 내가 동기들에 비해 능력이 부족하다는 생각에 쫓기는 심정이었다.

그때 주눅이 들어 있던 내게 지도교수이신 김정규 선생님이 해주신 말씀이 있다. "인생은 단거리 경주가 아닌 마라톤이다."라고 하시면서 자신도 늦은 나이에 유학을 가고, 잘하지 못해서 힘들었던 시절도 말씀해주셨다. 그렇기에 노력을 많이 했다고 말이다. 나는 그 말을 듣고 저런 상담의 대가도 잘하지 못하는 시절이 있었고, 숱한 노력을 통해 완성이 되었다는 사실을 알게 되어 안심했다.

그 후로 나는 보다 먼 미래를 내다보면서 배우는 데 집중할 수 있었다. 남들보다 배우는 데 시간을 많이 투자했고, 매일 한걸음 한걸음 포기하지 않고 걷다 보니 어느새 내가 부족하다고 생각했던 것들이 채워지고 지금 서 있는 자리에까지 이르게 되었다. 나는 대단한 사람이 되지는 않았지만 하루하루 살아가는 것이 즐거울 때가 많다. 내가 하는 일을 사랑하며, 내가 여전히 배우고 성장할 수 있다는 사실에 감사한다.

만화가 이현세가 이와 비슷한 말을 한 적이 있다. 나는 무언가를 시작하는 사람들에게 「천재와 싸워 이기는 방법」이란 이현세의 에세이를 꼭 권해주곤 한다. 이 에세이의 마지막 부분을 음미해보자.

가끔 지구력 있는 천재들도 있다. 그런 천재들은 존재하는 것만으로도 축복이고, 보는 것만으로도 감사하다. 그들은 너무나 많은 즐거움과 혜택을 우리에게 주고, 우리들의 가야 할 길을 제시해준다. 나는 그런 천재들과 동시대를 산다는 것만 해도 가슴 벅차게 행복하다. 나 같은 사람은 그저 잠들기 전에 한 장의 그림만 더 그리면 된다. 해 지기 전에 딱 한 걸음만 더 걷다 보면 어느 날 내 자신이 바라던 모습과 만나게 될 것이다. 그것이 정상이든, 산중턱이든 내가 원하는 것은 내가 바라던 만큼만 있으면 되는 것이다.

누군가가 당신에게 "인생은 마라톤"이라는 말을 해주지 못한다면, 당신 스스로 자신에게 그 말을 따뜻하게 해줄 수 있다. 지금 잘하지 못해도 괜찮다고 다독여주면서, 매일 조금씩만 걸어도 된다고 이야기해줄 수 있다. 자신에게 보호자가 되어줄 수 있는 것이다. 또 친구가 되어줄 수도 있고 선생님이 되어줄 수도 있다. 그렇게 각자 자신을 돌보면서, 또 함께 한 걸음 한 걸음 함께 걸으면서, 서로에게 "느리게 가도 괜찮아."라고 말해주면 좋겠다.

이미 내가 잘하는 것만
챙겨도 충분하다

변화한 것을 알아차리고 이미 잘하고 있는 것을 발견해야 한다.
더불어 자신이 얻은 결실을 음미하고 소화하는 것도 중요하다.

우리는 세상을 살아가면서 크고 작은 이유로 자신과 타인에게 변화를 요구하면서 애쓸 때가 많다. 그러나 안타깝게도 그토록 원하던 변화가 일어나고 있을 때 그것을 보지 못해서 놓쳐버리는 경우가 많다. 과수원을 운영하고 있는 농부는 바닥에 떨어진 열매들도 놓치지 않고 모두 거둔다. 그러나 마음의 밭을 가는 농부는 열매들이 눈에 잘 보이지 않기 때문에 그것을 거두지 못하거나 거둔 것을 다시 땅바닥에 던져버리기도 한다. 이 얼마나 안타까운 일인가?

마음 안에서 일어나는 변화를 보는 눈이 있다면 우리는 새로운 경작지를 찾아서 개간할 필요가 없을 것이다. 자신의 무능력에 대해 절망하기보다는 스스로 잘해나가고 있음에 안심할 수도 있고, 비록 오늘은 구체적인 결실로 나타나지 않았지만 언젠가 맺을 열매를 생각하면서 힘든 하루하루를 잘 견디며 열심히 살아갈 수도 있다.

하늘의 구름도 매 순간순간 모습을 달리해나간다. 하천변 잡초들도 자고 나면 어느새 쑥쑥 자라 무성하게 생명을 뽐내고 있다. 그처럼 내 마음이 변해가고 자라나는 것들을 어떻게 발견할 수 있을까? 보이지 않는 마음을 어떻게 들여다보고 관찰할 수 있을까?

▌이미 변화하고 있고, 잘하고 있는 것을 발견하기

나는 상담을 공부하면서 내담자의 변화를 알아차리도록 훈련을 받아왔다. 내가 처음 마음의 변화에 대해 눈뜨게 된 계기는 대학원에서 개인상담 실습수업을 들을 때였다. 당시에 학생들끼리 상담자와 내담자 역할을 맡아서 상담을 하게 되었는데, 교수님과 다른 학생들이 내가 하는 상담을 관찰하는 몹시 부담스런 자리였다.

상대는 부부생활에서 겪는 고충을 이야기했고, 나는 어느 정도 진행을 해나가다가 더이상 할 말이 없고 어떻게 진행해야 할지 모르는 상태가 되었다. 그때 지도교수이신 김정규 선생님이 "치료를 하는 것보다 더 중요한 것은 이미 치료가 되었다는 것을 아는 것이다."라고 말씀해주셨다. 내가 이야기를 잘 들어줘서 짝은 힘든 마음이 풀리고 가벼워져 웃는데, 나는 그것을 잘 알아차리지 못하고 뭔가 문제를 계속 다뤄야 한다는 마음에 계속 불안했던 것이다.

그 후로 나는 사람이 이야기하고 있는 내용에만 붙들리지 않고, 그 내용과 함께 변화해가는 몸과 마음의 상태를 들여다보는 연습을 하게 되었다. 이를테면 한 친구가 고통스런 가정사에 대해 이야기하고 있었다. 말 내용에는 변화가 없었지만 이야기를 하면서 얼굴 표정은 한결 편안해 보이는 순간이 왔고, 나는 변화가 일어났다는 것을 알아차릴 수 있게 되었다. 굳이 내가 그 친구에게 뭘 해주지 않았어도 뭔가 도움이 되었다는 것을 알게 된 것이다.

상담을 하면서 나는 내담자들이 보이는 변화를 민감하게 알아차리려고 노력한다. 최근에 내게 찾아온 주희는 매사에 자신감이 없다고 했다. 특히 외모에 대한 콤플렉스가 심해서 거울을 보기 힘들다는 것이다. 그래서 그녀는 성형수술까지도 고민하고 있었다. 어떻게 그런 외모 콤플렉스가 생기게 되었는지 이야기를 하던 중에, 누군가가 자신에게 함부로 이야기했던 일을 말하다가 도중 목소리가 커지면서 "기가 막히고, 코가 막혀요. 난 지금 생활에 당당한데 어떻게 그렇게 함부로 이야기할 수 있나요?"라고 말했다.

나는 주희에게 일어난 변화를 알아차렸다. 자신감이 없다는 이야기를 하고 있지만, 성형수술을 해야 한다고 할 때와는 달리 목소리에 자신감이 있어 보이고 자신을 좀더 사랑한다는 느낌이 들었다. 내가 그저 한 일면만 보고 그녀를 '열등감이 많은 사람이구나.'라고 판단을 했다면, 그녀가 자기 자신을 아끼고 사랑하는 힘이 있다는 것을 발견하기 어려웠을 것이다.

그룹상담에 참가한 준기는 자신이 말을 잘 못한다고 생각하고 있었다. 그런데 상담 도중 그가 이야기할 때면 사람들이 종종 웃고는 했다. 그래서 나는 "준기 씨, 지금 자신이 원하던 것을 이루고 있다는 것을 아세요?"라고 질문했다. 그는 모른다고 했고, 자신이 웃긴 이야기를 한 것도 아닌데 사람들이 왜 웃었는지를 어리둥절해했다. 그래서 나는 사람들에게 왜 웃었는지 물어보라고 했다. 그룹원들은 그가 솔직하게 이야기했기 때문에 시원해서 웃었다고 했다. 그가 하는 이야기에 공감이 되어 웃음이 나왔다는 반응도 있었다.

그룹상담뿐만 아니라 일상생활에서 만나는 수많은 사람들 중에서도 준기가 했던 것처럼 자연스럽게 웃기는 사람들을 나는

어떤 날에는 좀더 일찍 잠을 자고,
다음날에는 늦게 일어나 한가로움을 즐기기도 한다.
또 어떤 때에는 차를 천천히 마시기도 하고,
평소에 하지 않던 산책을 해보기도 한다.
이런 작은 것들이 우리가 경험한 것에 대해 음미하고, 소화하며,
얻은 것에 충분히 머물러보려는 노력들이다.

많이 만났다. 매우 흥미로운 점은 그들 대부분이 자신이 재미있는 사람이라는 것을 잘 모른다는 것이다.

또 다른 예로는 자신의 잘못에 대해 괴로워하는 사람들이다. 그들은 과거에는 문제가 있었지만, 그것을 성찰하는 순간 이미 그것에서 벗어나 초월해 있는 상태다. 하지만 그것을 알아차리지 못하면 나는 무언가 과거 그대로 못난 사람이라고 자책하기 쉽다. 그럴 때 나는 지금 현재 그들에게 일어나고 있는 성장을 말해준다. 무언가를 알아차리고 그것에 대해 성찰하고 있는 당신은 이미 성숙한 사람의 시각을 가지고 있으며, 과거의 문제에서 자유로워지고 있는 것이다.

▌경험한 것을 소화하고 머무르기

변화한 것을 알아차리고 이미 잘하고 있는 것을 발견하는 것만큼 중요한 것은, 자신이 얻은 결실을 음미하고 소화하는 것이다. 게슈탈트 심리치료에는 '알아차림-접촉 주기'라는 것이 있다.

다음 페이지의 '알아차림-접촉 주기' 표에는 개인이 자신에게 떠오른 감정이나 욕구를 알아차려서 필요한 것을 실현하기 위해 에너지를 동원하고 행동하며 접촉한 후 소화하는 과정이 압축되어 있다.

게슈탈트 심리치료의 알아차림-접촉 주기

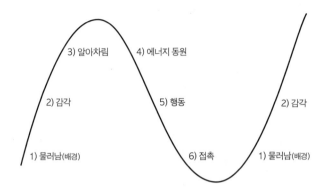

3) 알아차림　　4) 에너지 동원

2) 감각　　　　5) 행동　　　　　2) 감각

1) 물러남(배경)　　　6) 접촉　　　1) 물러남(배경)

　나는 그 중에서도 마지막 단계인 물러남에서 발생하는 문제를 김정규의 저서 『게슈탈트 심리치료』에서 일부 인용해보겠다.

　정상적인 경우라면 개체는 접촉이 끝나면 자연스럽게 만족해서 뒤로 물러나 쉬게 된다. 그리고 다시 새로운 알아차림-접촉 주기의 리듬이 시작된다. 하지만 어떤 사람들은 항상 긴장해 정상에 머물러 있으려고 한다. 즉 그들은 만족을 모르며 물러나 쉴 줄을 모른다. (중략) 접촉과 물러남 사이의 리듬이 차단된 사람들은 체험의 정점에서 자신을 놓아버리지 못하고 실적에 집착한다. 그들은 피곤함을 부정하고 일에 매달리며, 자신이 충분히 욕구를 달성했는지 알지 못하기 때문에 물러나지를 못한다. 또한 자신이 이미 타인으로부터 얻은 접촉의 양을 정확히 인식하지 못하기 때문에 계속 접촉을 요구하며, 타인을 지치고 싫증나게 만들기도 한다.

미대에 다니는 현지는 한동안 고생해서 멋진 작품을 만들었다. 남들도 훌륭하다고 감탄하고 자신도 모처럼 맘에 드는 작품이었다. 그런데 만들고 나서 채 하루가 다 가기도 전에 바로 다음 작품을 어떻게 만들어야 할지, 다음번에는 잘할 수 있을지 벌써부터 걱정에 휩싸였다. 이런 식으로 그녀는 자신이 무언가를 잘해내도 그것에 만족을 느끼는 일이 드물었고, 남들은 그렇게 좋은 결실을 얻어도 항상 괴로워하는 그녀를 이해하기 힘들었다.

이렇게 현지처럼 잠시도 가만히 있지 못하고 휴일 불안증에 시달리는 직장인들을 주변에서 많이 볼 수 있다. 그저 쉬고 있는 게 시간을 낭비하는 것 같고, 가만히 있으면 불안해서 견딜 수 없다는 것이다. 출근하기 전 새벽부터 영어 학원에 나가는 사람, 업무에 필요한 자격증뿐만 아니라 미래를 대비해 다른 자격증을 따기 위해 퇴근 후에도 학원에 가거나 잠을 아껴가며 공부하는 직장인들이 소수의 이야기만은 아니다. 물론 이들이 쉬지 못하고 계속 달려나가는 것은 현실적으로 느긋하게 살기가 어려운 대한민국의 상황이 중요한 이유일 것이다. 그러나 어느 정도 휴식을 취하고 여가를 즐기는 것이 오히려 일을 더 잘할 수 있게 도와주는데, 현실에서 요구하는 이상으로 자신을 채찍질하는 모습을 보면 안타까운 마음이 많이 든다.

반대로 자신이 얻은 결실을 잘 음미하는 사람들도 있다. 선미는 칭찬 일기장을 만들었다. 처음에는 쓸 게 별로 없었지만 계속 쓰다 보니 칭찬할 것들이 보이고, 그것을 글로 남기는 습관을 들이니 점점 일기장은 두꺼워졌다. 선미는 마음이 힘들 때마다 그것을 보면서 위로를 얻는다고 한다. 선미처럼 칭찬 일기장을 굳이 쓰지 않더라도 자신의 작은 애씀과 노력에도 칭찬을 잘해주는 이들이 있다. 그렇게 하지 않는 사람과 그들의 차이는 하루 이틀을 두고 보면 별 것 아닌 것처럼 보일 수 있지만 이게 한 달 두 달이 되고 일 년, 이 년이 되면 큰 차이를 만들어낸다.

행해서 얻은 것을 잘 소화하기 위해서 우리가 해야 할 노력은 대단한 것이 아니다. 연우는 밥을 먹을 때 좀더 씹고, 먹을 때 사이사이 숨을 쉬면서 맛을 음미하곤 한다. 오래 씹으니 음식의 풍미가 깊이 느껴져서 만족도가 높아지고, 조금 먹어도 포만감을 많이 느끼게 되어 다이어트를 별도로 하지 않아도 된다고 했다. 그는 또 노는 것이 낭비라고 생각하지 않고 좀더 잘할 수 있기 위해 에너지를 충전하는 투자라고 보았다.

연우처럼 우리들도 경험한 것을 잘 소화하고 머무를 때가 있다. 바쁘게 일만 하다가도 어느 순간에 멈춰 서서 휴가를 떠나거나, 친구와 만나 수다를 떨기도 한다. 어떤 날에는 좀더 일찍 잠을 자고, 다음날에는 늦게 일어나 한가로움을 즐기기도 한다. 또 어떤 때에는 차를 천천히 마시기도 하고, 평소에 하지 않던 산책을 해보기도 한다. 이런 작은 것들이 우리가 경험한 것에 대해 음미하고, 소화하며, 얻은 것에 충분히 머물러보려는 노력들이다.

▌숨쉬기만 해도 대단한 일이다

우리는 살아가면서 모든 게 버거워 숨쉬기조차 힘든 순간을 맞이할 때가 있다. 손가락 하나 까딱하기 귀찮고, 이불을 걷고 일어나는 일조차 대단한 노력이 드는 것처럼 느껴질 때가 있다. 마치 밥솥에서 말라버려 딱딱하게 굳어진 밥풀처럼 쓸모없는 목숨으로 느껴지고, 주변 사람들이 이래라저래라 하는 말들이 그저 귓등으로만 스쳐가는 날들 말이다. 그럴 때는 무기력한 내 자신이 그토록 한심스럽고 절망스러울 수 없다.

그때 소설가 이외수는 '존버 정신'을 되새기라고 말한다. 이것은 무슨 고상한 말이 아니고, 그저 '존나게 버티는' 일이 최선이라는 것이다. 나도 그 '존버 정신'에 공감한다. 인생의 최악의 날에는 어떤 노력도 불가능하고, 단지 숨쉬기만을 유지하면서 버티는 것이 최선일 수 있다.

사실 숨을 쉬는 것조차 쉬운 일은 아니다. 숨을 쉬려면 여러 근육들이 끊임없이 움직여야 한다. 피도 온 몸에 돌게끔 해야 하고, 긴장된 근육을 밀고 당기면서 숨을 쉬는 일은 결코 작은 노력이 아니다. "에이, 뭐 그런 거 가지고 그렇게 과장하고 그래?"라고 말한다면, 아마 당신의 심장과 폐, 몸의 근육들은 정말 화를 낼지도 모른다. 한 번도 쉬지 않고 움직이는 그들의 고통과 노력을 아는가?

더 나아가 밥을 한두 끼라도 챙겨 먹을 수 있다면 당신은 상당히 애를 쓴 것이고, 세 끼를 먹는다면 당신은 정말 훌륭한 사람이다. 밥을 세 끼 다 먹는 것은 결코 쉬운 일은 아니다. 잠자리에서 일어나기 싫은데 일어나야 하고, 무거운 냉장고 문을 열어야 하고, 밥을 짓거나 푸는 일도 매우 애를 써야 하는 일이다. 같이 밥 먹을 사람이 없다면 더더욱 쉬운 일이 아니다. 그래서 나는 삶의 고비에서 밥 세 끼 챙겨먹는 일을 내 최대의 목표로 설정하고는 했다.

▎바다의 출발이자 완성인 개울

어떻게든 살아남을 수 있다면 언젠가는 우리가 원하는 것들이 분명 이루어지곤 한다. 멀리는 우리 민족이 일제 식민 치하에서 벗어난 일이나 가까이는 겨우내 죽은 듯이 있는 나무가 봄에는 다시 싹을 틔우고 가지를 뻗치는 것처럼, 당장은 변화가 없어 보이는 일들이 언젠가는 끝이 나고 새로움이 시작된다.

홍수로 폐허가 된 마을이 어느덧 복구가 되고, 결코 끝나지 않을 것 같은 지루한 학창생활도 끝나고야 만다는 것을 우리는 모두 알고 있다. 다만 숱한 고통을 참아내며 기다리는 순간에 우리는 어떻게 견뎌내야 좋을까?

나는 우리들이 서로 알고 있는 대답 대신에 도종환 시인의 시를 가사로 이희진 씨가 작곡한 '개울'이란 아름다운 노래를 소개하고 싶다.

한밤중에는 별을 안아 흐르고 / 낮에는 구름을 풀어 색깔을 내며 / 낮은 곳을 지키는 / 물줄기인 줄로만 아는 개울은 / 어떤 때에는 살아 있음의 의미조차 모두 다 잊어버린 채 / 떠밀려서 서쪽으로 가는 줄로만 아는 개울은 / 그러나 가슴속 그 물빛으로 마침내 / 수많은 바닷고기를 자라게 하는 개울은 / 언젠가 알게 될 거야 멈추지 않는다면 / 제가 곧 바다의 출발이며 완성이었음을 / 쉼 없이 흐른다면 / 그토록 꿈꾸던 바다에 이미 닿아있다는 걸

약한 모습을 들키면 사람들이 싫어할 것 같아요 | 지루하면 상대방이 나를 싫어할 것 같아요 | 말을 재미있게 하는 사람이 되고 싶어요 | 내 감정과 욕구에 충실하면 날 싫어할까요? | 정말 상대방이 나를 싫어하는 것일까? | 가까이에 있는 사람을 넘어 친구 되기 | 타인과 잘 싸우며 친밀하게 살아가는 법 | 관계의 평등성을 지향하는 공놀이 대화법

PART 2

타인과 원활한
관계 맺기

타인에 대한 호기심이
마음을 연결한다

"그 사람은 왜 그럴까요? 남자(여자)의 마음이 도대체 뭘까요?" 연애나 결혼 생활에 대해 상담을 할 때 가장 많이 듣는 질문이다. 그 사람이 왜 그렇게 행동하고 말하는지 답답한데 상대방은 말해주지 않는다. 어쩌면 그 사람도 자신이 왜 그렇게 하는지 모르거나 어떻게 표현할 줄 모르는 것이다. 차라리 이유를 알면 속이라도 시원할 텐데 모르고 힘드니 더 답답하다.

상대가 보이는 말과 행동을 통해 조금은 그 사람의 마음을 짐작할 수 있다. 하지만 그조차 내가 추측하는 것과 다른 경우도 많고, 겉으로 드러난 정보는 매우 적어서 짐작하기 어려울 때가 더 많다. 이를 알기 위해 이런저런 추측을 해보지만 시원한 답이 나오지는 않고 기운만 빠진다. 상대방이 날 싫어하지 않는데도 싫다고 생각해서 불안해하기도 하고, 반대로 상대방이 싫어하는데도 알아차리지 못하기도 한다.

이런 문제가 반복이 되면 가까운 사람과 멀어지는 가슴 아픈 일을 겪기도 한다. 그렇게 아픈 이별을 겪고 이유를 알면 다행이지만, 모르는 채 다른 사람과 만났을 때도 비슷한 일이 반복된다면 참으로 안타까운 일일 것이다.

'그 사람은 왜 그랬을까? 왜?' 나는 호기심을 갖고 이 '왜'라는 질문을 던지는 많은 사람들과 만나왔다. 상담소에 찾아온 사람들은 물론이고, 인터넷 게시판에 질문을 올리는 사람들, 그리고 주변 지인들과도 많은 대화를 나누었다. 그들의 호기심이 내 호기심을 자극했고, 서로 질문하고 대답하는 과정에서 많은 것들을 배울 수 있었다. 특히 이 Part 2에 서술한 많은 예시들은 대인관계 그룹상담에 참여한 사람들이 질문한 것을 함께 대화하는 과정에서 나왔다. 서로 질문하고 대답하는 과정 속에서 발견하고 깨우쳐가는 것들이 많았다.

　이 책 전반에 흐르는 철학인 변화의 역설적 이론을 Part 2에서도 동일하게 적용하려고 노력했다. 대인관계에서 변화하려 노력하기보다는 자기 자신으로 있을 때 변화가 일어난다는 것을 보여주려고 했다. 또한 사람들이 이미 잘하고 있는 부분들을 조명하려고 애를 썼다. 물론 관계에서 고치고 노력해야 할 부분도 있지만, 자신을 잃어버리고 무언가가 되고 나면 그곳에 '나'는 사라지고 껍데기만 느껴지는 실존적 공허와 마주해야 할 것이다.

　수많은 대인관계 문제들이 있지만, 그 모든 것들을 이 책에 다 포함하기에는 범위가 너무 넓고, 또 내가 그것들을 다 다룰 수 있는 능력도 되지 않는다. 나는 대인관계에서 불안을 느끼는 사람들을 많이 만나왔기 때문에, Part 2에서는 주로 대인불안을 이겨내는 것과 관련된 주제들을 다룰 것이다.

약한 모습을 들키면
사람들이 싫어할 것 같아요

약한 척과 약한 것, 강한 척과 강한 것은 서로 다른 개념이다.
강한 척하는 데 집착하느라 정작 힘써야 할 부분을 놓치지 마라.

상담소에 찾아오는 사람들이 갈수록 많아지고 있다. 여러 이유가 있겠지만, 가장 큰 이유는 그들이 어디 가서 이야기할 곳이 마땅치 않다는 데 있다. 혼자서 끙끙 앓다가 도저히 안 되겠어서 내게 찾아와 힘들었던 이야기들을 털어놓는다. 듣는 내 입장에서는 아무에게도 하지 못하는 이야기들을 해주니 너무 고맙지만, 한편으로는 가까이에 이야기할 사람이 없거나 혹은 있어도 이야기하지 않는 모습들이 안타깝게 느껴지기도 한다.

가까운 사람들에게 힘들었던 이야기를 하지 않는 가장 큰 이유는 자신의 약점을 보이는 것은 수치스러운 일이라고 생각하기 때문이다. 예를 들어 남편이나 자식의 흉을 보는 것은 누워서 침 뱉기라고 생각한다. 또 남에게 자신의 속 이야기를 하는 것은 매우 위험하게 여겨진다. 실제로 우리 사회에서는 타인의 약점에 관대하기보다는 그것을 이용하는 사람들이 많기 때문이다. 삼삼오오 모인 곳에서 남의 흉을 보며 수군대기를 좋아하는 사람들이 얼마나 많은가?

그래서 현대인은 너무 외롭다. 이웃이나 친구에게는 물론이고 가족 간에도, 사랑하는 연인 사이에서도 자신의 약점을 드러내지 못한다. 상대방이 내 힘든 점이나 약점을 알게 되면 실망하고 나를 떠날 것 같아 두렵다.

▌약점을 보이기 두려운 사람들

세나는 다른 사람과 대화할 때 긴장을 많이 해서 목소리가 기어들어간다. 논리적이지 않고 장황하게 말할까 봐 두려워서 말을 잘 하지 않는다. 그 고민을 친구들과 이야기해 본 적이 있냐고 물었더니, 이제껏 친구관계에서 속내를 털어놓아 본 적이 없다는 것이다. 약점을 말하면 그 친구가 자신을 못나게 볼까 봐 두려웠기 때문이다.

수연은 친구들을 집으로 초대한 적이 한 번도 없다. 친구들과 대화할 때 가족 이야기가 화제로 올라오면 금세 말을 돌려버린다. 부잣집 딸로 오해받은 적이 몇 번 있었는데 그 후로 사실을 알게 되면 친구들이 실망할 것 같고, 감추어온 것에 대해 비난받을까 두려웠다고 한다.

기호는 심리상담을 받으러 올 때마다 휴대전화를 꺼두지 못한다. 상담중에 휴대전화가 울리면 전전긍긍했는데 아내에게 운동하러 간다고 거짓말을 했다는 것이다. 아내는 자신을 의지하고 있는데, 자신이 심리적 문제로 힘들어하는 것을 알면 나약한 남자로 볼 것 같고 크게 실망할까 봐 두렵다고 한다.

이들의 이야기를 들으면서 지난날의 나 또한 두려워서 감추던 것들이 떠올랐다. 사람들이 내가 약점이라고 생각하는 것을 안다고 상상할 때, 혹은 실제로 알게 되었을 때 느끼던 감정은 수치심이었다. 이는 나 혼자만 발가벗은 채로 사람들 사이에 선 느낌과도 같다. 현실에서 수치심을 많이 느끼던 때는 사람들 사이에서 발가벗고 있던 꿈을 꾸기도 했다.

왜 우리는 이렇게 수치심 때문에 괴로운 것일까? 어떤 이는 이것이 소심하고 나약하다고 비난한다. 많은 심리 전문가들도 이것을 문제라고 보고, 생각을 긍정적으로 바꿀 것을 주문한다. 그러나 나는 수치심을 많이 가지고 있다고 소심한 것도 아니고, 나약한 것도 아니라고 생각한다. 다 그럴만한 이유가 있다고 생각한다.

기호는 약해 보이지 않는 것이 중요했던 어린 시절의 경험을 알려주었다. 학교에서 싸움 잘하는 애들이 괴롭힐 때 자신이 나약해서 그렇다고 생각했고, 일부러 얼굴에 인상을 쓰기 시작했다고 한다. 주먹으로 맞아도 울지 않고 아무렇지 않은 척하면, 반에서 주먹을 쓰는 애들이 "너, 멋지다!"라고 해주었고 그 말이 좋았다고 한다. 그렇게 기호는 약해 보이지 않는 것이 중요한 삶을 살아오게 된 것이다.

수연은 어릴 적에 부모님이 남들과 싸우다가 지는 게 그렇게 싫었다고 한다. 아빠가 자신의 형인 큰아버지에게 맨날 구박을 듣고 싸움에서 밀리는 모습을 보고 자라면서 서러움을 많이 느꼈다. 그래서 수연은 약해 보이지 않으려고 많은 애를 써왔다고 했다. 얼굴 표정을 더 차갑게 하고, 다른 아이들에게도 일부러 강한 모습만을 보여주려고 했다.

이들의 성장사를 듣고 나니 약해 보이는 것을 끔찍하게 두려워하는 배경에 대해 이해할 수 있게 되었다. 처음에는 이들이 왜 그렇게까지 약하게 보이지 않으려고 애를 쓰고 있는지 의아하게 느껴졌으나, 그런 결론에 이르게 된 과정과 배경을 듣게 되니 '그럴만했다.'라고 이해되었다.

이렇듯 약해 보이는 것이 두려운 이유는 사람들에게 버림받거나 무시당하지 않기 위해서다. 인간은 공동체에서 버려지지 않기

그래서 현대인은 너무 외롭다.
이웃이나 친구에게는 물론이고 가족 간에도,
사랑하는 연인 사이에서도 자신의 약점을 드러내지 못한다.
상대방이 내 힘든 점이나 약점을 알게 되면
실망하고 나를 떠날 것 같아 두렵다.

위해 수치심을 학습하고 다음 세대로 전수한다. 왕따가 되지 않기 위해서, 무시당하지 않기 위해서 진심을 드러내기보다는 자신의 약점을 숨기고 포장하게 된다. 자신에 대해 수치스러워하지 않는 것보다 수치스러워하며 조심하는 게 좀더 안전하다. 그래서 우리들의 수치심은 정당하다.

▌약해 보이면 안 되나요?

다시 세나와 수연, 기호의 이야기로 돌아가보자. 이들은 어려움을 극복하기 위해 그룹상담에 참여했다. 그룹상담은 자유롭게 대화하면서 서로가 가진 어려움을 나누고 그것을 극복하기 위한 특수한 형태의 만남이다. 비밀 보장이 전제로 되어 있고, 또 비슷한 어려움을 가진 이들끼리 모이기 때문에 비교적 용기 내어 말하기 쉽다.

세나는 사람들에게 "내 이야기가 논리적이지 않고 너무 장황한 것 같지 않아?"라고 물었다. 사실 내가 보기에 그녀는 별 문제가 없는 것 같았다. 다른 사람들도 비슷한 생각이었는데, 그녀는 사람들의 반응을 믿지 못했다. 수연은 세나에게 "논리적이지 않고 장황하면 안 되는 거야?"라고 반문했고, 세나는 "안 되는 건 아니지만 그러면 사람들이 날 바보처럼 볼 것 같아."라고 했다.

나는 세나에게 살아오면서 논리적으로 보이는 게 매우 중요했던 것 같다고 말해주었는데, 잠시 생각하더니 어렸을 적에 언니가 매우 논리적이어서 부러웠다고 한다. 자신도 그렇게 말해야 할 것 같다는 생각을 많이 하며 살아왔다는 것이다.

수연은 그룹상담에서 자신의 속 이야기를 하면서 용기를 얻더니, 친구들과도 자신의 속 이야기를 나누기 시작했다. 남자친구나 부모님 때문에 힘든 이야기를 하니 오히려 친구들이 약점을 잡기보다는 공감도 잘해주고 좋은 이야기를 많이 해줘서 '이야기를 해도 괜찮구나.' 하는 것을 알게 되었다고 한다. 게다가 자신이 먼저 힘든 점을 이야기하니 친구들도 더 깊은 이야기를 털어놓게 되었고, 그 결과 전보다 더 친한 관계를 맺게 되었다고 기뻐했다.

기호는 내 제안으로 아내와 닮은 인형과 대화를 했다. 기호는 아내(인형)에게 말했다.

"여보, 내가 불안 문제로 상담받는다는 사실을 알면 당신이 실망할까 봐 두려워. 또 남자가 너무 나약한 거 아니냐고 생각할 것 같고, 당신이 나를 못난 남자로 볼까 봐 무서웠어."

기호에게 아내가 그 말을 들으면 어떨 것 같냐고 물어보니, 마음이 아플 것 같고 안쓰러울 것 같다고 했다. 그러면서 기호의 눈에는 눈물이 맺혔다. 가장 사랑하는 사람조차 믿지 못하고 두려워하며 살아온 것이 가슴이 아프다고 했다.

▌그래도 약하게 보이면 안 좋지 않을까요?

우리는 두려움과 수치심에 대한 이야기를 함께 나누면서 점점 긴장에서 해방되었다. 말이 논리적이지 않아도, 자신의 집안 사정을 이야기해도, 남자가 약한 모습을 보이더라도 괜찮다는 느낌을 조금씩 갖게 되었다. 그리고 나는 마지막으로 한 번 더 "그래도 약점은 숨기는 게 낫지 않을까요?"라고 물었다. 돌아온 대답들이 좋았다.

"장황하게 대화하더라도 그게 더 대화 같아요."
"사람들은 겉으로 강해보이지만 사실은 그것이 정말 강한 것이 아니라 무서워서 강한 척 하고 있을 뿐이에요."
"사람이 좀 부족해 보이기도 해야 친구가 생기지 않을까요? 너무 완벽해 보이면 매력이 없잖아요."
"난 강한 척하는 남자보다는 약한 모습을 보여줄 수 있는 게 진짜 남자라고 생각해요. 사실 강한 척하는 데 애를 많이 쓰는 바람에 정작 내가 힘써야 할 부분을 놓쳐왔거든요."

그렇다. '척'은 정말 '척'일 뿐이다. 물론 이 사회에서는 그래도 괜찮다. 때로는 그런 '척'이 도움이 되기도 한다. 왜냐하면 이 사회에는 실제로 겉으로 드러난 것만 보고 함부로 평가하거나 다른 이를 공격하는 사람들도 종종 있기 때문이다. 그러나 한편으로는 그렇지 않은 사람들도 있다. 당신의 사랑하는 가족이나 친구, 이웃들 중에는 그룹상담에 참가한 사람들처럼 당신을 이해하고 '척'과 진실을 구별하는 눈을 가진 이들도 있다. 그런 사람들 앞에서는 있는 그대로의 모습을 보여도 괜찮다.

▌다름을 이해해주는 공동체를 희망하며

무술에는 권투나 킥복싱처럼 강한 것을 추구하는 운동이 있는 반면에 택견이나 취권처럼 부드러운 가운데 강함을 추구하는 운동도 있다. 아주 가볍게 춤을 추는 것 같지만 강하게 밀고 들어오는 공격도 순식간에 제압해버린다. 쓸데없는 힘을 쓰지 않고도 상대방의 힘을 이용해 역공하거나, 방향을 가볍게 틀어서 상대방의 공격을 헛수고로 만든다.

최근 기업 경영에서도 부드러운 카리스마가 새롭게 부상하고 있다. 이전에는 호통을 치거나 매섭게 대해 부하직원들을 부리는 상사가 대세였다면, 이제는 멘토처럼 부하직원들의 고민도 들어

주고 섬세하게 마음을 살펴주는 상사들이 성공하는 시대로 변해가고 있다. 학교에서는 매를 드는 선생님들이 설 자리를 잃어가고 있고, 가정에서도 무섭기만 한 아버지는 아이들에게 외면당하는 시대가 되었다.

나는 심리학을 공부하면서 자신의 약점을 솔직히 내보일 수 있는 것이 오히려 유연하고 강하다는 것을 알게 되었다. 실생활에서 내 속마음을 조심스럽게 꺼냈을 때, 다행히 좋지 않은 반응보다는 좋은 반응을 많이 얻을 수 있음을 확인하기도 했다. 주변에 이해심도 깊고 마음이 따뜻한 사람들이 많았던 것이 참 다행이었다. 한편으로는 나 또한 건강하게 지낼 수 있는 곳과 사람들을 찾아다니기도 했었다.

나는 우리가 서로의 독특함과 다름을 허용하고 이해해줄 수 있는 공동체를 이뤄가길 바란다. 그 안에서는 센 척을 하지 않아도, 무언가 포장을 하지 않고 있는 그대로 있어도 흉이나 허물이 되지 않는, 이해와 관용이 넘치는 공동체가 되길 원한다. 마음을 열어 보이는 일이 수치스럽지 않아도 되고, 부드러운 것이 진정한 강함으로 받아들여지는 그런 공동체를, 당신과 내가 발을 뻗고 편히 쉴 수 있는 곳을 함께 만들어가고 싶다.

지루하면 상대방이
나를 싫어할 것 같아요

공허한 침묵과 비옥한 침묵의 차이에 대해 확실히 구분하자.
그러면 침묵이 흐르는 순간이 어색하게 느껴지지 않을 것이다.

우리는 무언가를 바쁘게 많이 해야 하는 시대를 살고 있다. 산
업혁명을 거쳐 신자유주의 시대를 지나면서 노동의 강도는 갈수
록 높아져 가고, 직장인들은 일이 끝난 후에도 자기계발을 위해
학원이며 자격증 공부며 쉴 새가 없다. 놀거나 쉬는 일조차 숨가
쁘게 돌아간다. 개인들이 나누는 대화 역시도 이런 시대상을 반
영한다. 사람들은 TV 프로그램에서 등장인물들이 나오는 대화
방식을 보고 배운다. 아무래도 방송국에서는 짧은 시간에 시청률
을 올려야 하기 때문에 흥미 위주의 프로그램을 만들게 되고, 그

러다 보니 진지하고 여유 있는 대화는 사라져 가고 있다.

이런 배경에서는 TV에서 나오는 출연자들처럼 재미있게 말해야 할 것 같은 부담감을 가진 사람들이 늘어나는 것이 당연한 것 같다. 성인들도 그렇지만 요즘 청소년들은 말을 재미있게 해야 한다는 부담감을 더 많이 안고 살아간다. 이들의 대화를 살펴보면 호흡이 매우 빠르고, 상대와 함께 대화하는 느낌보다는 정신없이 자신만의 이야기를 늘어놓거나, 조금이라도 지루하면 참지 못하고, 패스트푸드를 금방 먹듯이 빠르게 받아치는 대화가 더 많다.

분위기가 이렇다 보니 그 속도나 방식을 따라가지 못하는 이들은 괴롭다. 대화에 끼어들기 어렵고, 뭔가 재치 있게 이야기해야 할 것 같은 부담감은 있지만 잘되지 않아서 자신이 한심하고 못났다는 생각을 하게 된다. 타인의 대화 방식에 문제가 있다고 생각하기는 쉽지 않기 때문에 자신을 탓하며 말하는 자신감을 점점 잃어간다. 사실 잘 살펴보면 말을 못하는 게 아닌데도 못한다고 생각하는 것이다.

▌어색하고 지루한 건 절대 안 돼요

상희는 모임에 나가는 것을 꺼려한다. 그 이유는 자신이 뭔가 이야기를 시작하고 다른 사람이 끼어드는 게 두려워서인데, 말을 해놓고 어색한 느낌이 들면 굉장히 공포스러워진다고 한다. 어색하게 말하는 것은 분위기를 망치고, 다른 사람들을 짜증나게 하고, 결국에는 사람들이 나와 이야기하고 싶어하지 않을 거라는 생각이 든다고 했다. 나는 그래서 물었다.

"상희 씨는 분위기를 활발하고 유쾌하게 만드는 게 중요하신 것 같아요. 그게 많이 중요하시네요."

그녀는 잠시 생각에 잠기더니 자신의 어린 시절 이야기를 해준다. 부모님이 많이 싸워서 집안 분위기가 많이 어두웠는데, 장녀인 자신이 집안 분위기를 밝게 바꿔야 할 것 같은 책임감을 많이 느꼈다고 말이다. 그래서 일부러 웃기는 이야기를 많이 하려고 애쓰며 살았단다. '평상시에 사람들을 즐겁게 하는 그녀의 유머에는 그런 아픈 역사가 있었구나.' 하고 생각하니 마음이 짠해진다.

"그동안 많이 애쓰며 살아오셨네요. 왜 상희 씨가 그렇게 모임에서 분위기를 밝게 만들려고 애쓰고, 어색하면 두려워하는지 이제 이해가 되네요."

내 말을 듣고 그녀는 울먹거린다. 뜨겁게 흘러내리는 눈물은 그간 그녀의 가슴에 얼음조각처럼 굳어 있던 슬픔이 녹아내리는 것이리라.

▎공허한 침묵과 비옥한 침묵의 차이

사람들이 누군가를 만날 때 힘들어하는 것 중에 하나는 침묵이다. 대화를 하다가 침묵이 흐르면 어색해하고, 조바심을 내면서 안절부절못한다. 무슨 말을 해야 할 것 같은데 어떤 말을 해야 할지 모르겠고, 진땀이 나고 숨이 잘 쉬어지지 않는다. 내가 뭔가를 말하지 않으면 상대방이 어색함을 느끼고 불편해할 것 같다는 생각이 든다. '날 재미없는 사람이라고 생각하지 않을까?' 하고 걱정하기도 한다.

나도 전화할 때나 만나서 이야기할 때 침묵이 흐르면 견디기 어려워하고 식은땀을 곧잘 흘리던 때가 있었다. 그러다 침묵이 다 나쁜 건 아니라는 것을 알게 되었다. 대학원 상담 수업중 지도교수인 김정규 선생님께서 공허한 침묵은 할 말이 있어도 두려움 때문에 말을 막는 것이라고 하셨다. 내가 이런 말을 하면 상대방이 이상하게 보지 않을까 하는 생각에 말을 고르고 또 고른다. 그렇게 고르다 보면 말할 때를 놓치기도 하고, 고르다 보면 할 말이 남아 있지 않게 된다.

사랑하는 사이에서도 하고 싶은 말을 꾹 참고 표현하지 않다가 나중에 이별하고 후회하는 경우도 많다. 서로 사랑했는데 표현하지 않아서 결국은 서로가 짝사랑만 하다 끝났다는 이야기는 공허한 침묵이 얼마나 안타까운 결과를 낳는지 잘 보여준다.

반대로 비옥한 침묵은 다음 시에서처럼 꽃이 피어나는 기다림의 시간이다.

꽃 피우기 전의 눈, 꽃눈 / 터지기 전의 침묵 또한 / 꽃인 줄은 몰랐네 / 겹겹이 싸여 있는 / 침묵의 그 화사함 / 한마디 말 전할 수 없어 / 목이 타던 / 단절의 그 순간이 / 기다림인 줄 몰랐네. / 만지면 묻어날까 숨어 있는 그 빛깔이 / 기쁨인 줄 몰랐네. (김재진의 시 〈몰랐네〉 중)

이 순간도 이미 꽃이 피어나는 과정, 생명을 잉태하는 순간이다. 말과 말 사이의 피로감을 씻을 수 있고 상대방이 한 말을 음미하는 시간, 상대방의 입장에서 보면서 그와 더 깊이 교감하는 시간이다. 또 상대방에게 할 말을 정성스럽게 준비하는 시간이며, 두 사람 사이에 흐르는 아름다운 것들을 느낄 수 있고 향유할 수 있는 시간이다. 함께 공원을 거닐며 바람의 냄새를 맡거나, 하늘을 보며 평화로움을 느끼는 침묵은 참으로 아름답다.

공허한 침묵과 비옥한 침묵에 대해 알고 나니 나는 침묵을 좀 더 편안하게 받아들일 수 있었다. 뭔가 말해야 한다는 부담감에서 벗어나니 더 여유로워져 말하기가 더 자연스러워졌다. 무리수를 두지 않으니 말 실수도 줄어들었다.

어색함도 새롭게 느껴지기 시작했다. 전에는 어색한 분위기를 만회해보려고 억지로 이야기하곤 했는데, 그럴 때 오히려 분위기만 더 어색해지는 경험을 많이 했다. 그러다 어느 순간 어색함도 허용해보는 연습을 하니 괜찮다는 사실을 알게 되었다. 어색함이 없다면 만남에서 느껴지는 신선함도 없을 것이다. 불편함이 있어야 나중에 친해지고 나서 편해지는 느낌이 더 좋을 수 있다.

▌ 느리게 말할 때 풍요로운 대화가 된다

우리가 마음이 공허할 때 음식으로 달랠 때가 있는 것처럼, 말을 많이 해서 허전함을 채우려고 할 때도 있다. 당신은 살면서 적어도 한 번 쯤은 상대방과 말을 많이 해본 적이 있을 것이다. 나도 그렇게 많이 해봤는데, 그러고 나면 나중에는 별로 남는 게 없이 피곤하고 공허함을 느낄 때도 많았다. 그렇게 말하면 실수를 하기도 하고, 때로는 부자연스러운 느낌에 내가 아닌 것처럼 느껴질 때도 있다.

반대로 우리가 밥을 여유 있게 먹을 때가 있는 것처럼, 대화도 느긋하게 할 때도 있다. 천천히 말할 때 우리는 숨을 충분히 쉬게 된다. 말하면서 소비되는 에너지도 적어지고, 말 사이사이에 충분한 산소가 공급되어 피로감도 줄어든다. 숨을 충분히 쉬면 몸에서 느껴지는 감각이나 감정들을 더 잘 느끼며 이야기할 수 있게 되고, 상대방의 표정이나 음성에서 표현되는 것들도 더 잘 알아차리게 된다.

시를 낭독할 때 천천히 읽으면 시의 정서적 느낌들이 깊게 다가오는 것처럼, 천천히 말하면 그 안에 더 많은 감정과 깊이를 담게 된다. "당신을 사랑합니다."라는 말을 빠르게 할 때와, "당신을" 하고 잠깐 멈추었다가 "사랑합니다."라고 말하는 것을 비교해보자. 말하는 사람이나 듣는 사람이나 그 말의 울림이 깊이 느껴질 것이다. 이렇게 천천히 말하고 듣다 보면 마음에서 마음으로 오가는 풍요로운 대화가 될 것이다.

▌혼자가 아니라 함께 나누는 대화

침묵에 대한 불안함이든 어색함을 없애고 재미있게 말해야 한다는 부담감이든, 이 고통의 핵심에는 '관계'는 없고 오직 '나'또는 '너'만 있다. 상대는 내가 어떻게 해야 하는 대상일 뿐이고, 책임은 대부분 나에게 있다. 상대방은 수동적인 존재이며 나와 대등한 존재가 아니다. 내가 어떻게 해주어야 하는 대상이다. 이런 일방적인 관계 자체가 그것을 이끌어나가는 것을 부담스럽고 힘들게 만든다.

그러나 대화란 '함께'하는 것이라는 지극히 당연한 상식에 충실하면 두려움에서 쉽게 벗어날 수 있다. 대화할 때 누군가 꼭 책임을 져야 하는 것은 아니지만, 굳이 책임을 따지자면 서로에게 절반의 책임이 있다고 볼 수 있다. 침묵이나 어색함을 굳이 없앨 필요는 없지만, 즐겁게 대화하려는 욕구가 있다면 그 책임의 절반은 상대에게도 있다.

상대방은 당신이 생각하는 것처럼 침묵이 부담스럽지 않을 수도 있고, 꼭 재미있는 대화를 서로 나눠야 한다는 마음도 없을지도 모른다. 상대방에 따라, 그리고 같은 사람이더라도 상황과 욕구에 따라 자신이 하고 싶은 이야기가 달라진다. 진지한 이야기가 하고 싶을 수도 있고, 침묵을 유지한 채 쉬고 싶을지도 모른다. 중요한 것은 서로가 원하는 것을 솔직하게 나누며 나아가는 것이다.

한편으로는 당신이 좀더 많은 책임을 져야 하는 상황에 있거나 앞으로 그런 역할이 요구될지도 모르겠다. 많은 직장인들의 고민 중 하나는 승진을 위해 리더십을 계발하고, 매끄러운 회의 및 행사 진행 능력을 갖추는 것이다. 사회는 끊임없이 내가 아닌 다른 무언가가 되라고 요구하며, 자기계발서들도 그런 쪽에 초점이 맞추어져 있다. 그래서 다음 장에서는 노력하지 않고도 어떻게 사람들과 재미있게 대화할 수 있는지에 대해 설명해보려고 한다.

말을 재미있게 하는
사람이 되고 싶어요

남들을 웃겨야 할 것 같은 부담감 때문에 고민할 필요가 없다.
웃긴 사람보다는 공감하는 사람이 되도록 노력해야 한다.

중기는 직장에서 회식 자리에 갈 때나 사람들이 여럿이 모여
함께 대화하는 자리가 곤혹스럽다. 누군가 이야기를 하고 사람들
은 웃는데, 자신만 웃지 않을 때가 많아서 '내가 문제가 있나?' 하
는 생각이 든다. 그리고 상사가 이야기할 때 웃지 않으면 자신을
싫어할 것 같아서 억지로 따라 웃는다. 같은 팀원인 입사 동기는
말만 하면 사람들이 웃는데, 그와 비교해서 자신은 재미없고 무
능력한 사람인 것 같아서 초라함을 느낄 때가 많다.

태연은 살사춤을 배우러 다니는데, 선생님에게 넌 왜 웃지 않

느냐고 표정 좀 밝게 해보라는 말을 들었다. 그런데 그 말을 들으니 더 긴장이 되고 불편해서 춤에 집중하기가 더 어려웠다. 자신은 그렇지 않을 때도 많은데 웃으라고 강요하니 더 못 웃겠고, 그렇게 무례하게 요구하니 짜증이 나고 화가 나더란다. 나는 그 말을 들으면서 '춤을 가르쳐주는 분이 예술적이지 않은 방식으로 가르치는구나.' 하는 생각이 들었다.

이들처럼 우리는 살아가면서 밝은 표정을 짓거나 웃으라는 강요를 받고 부담을 느낄 때가 많다. 사진을 찍을 때 받는 강요가 가장 흔한 예일 것이다. 흥미로운 사실은 많은 이들이 사진을 찍는 상황이 인위적이어서 자연스러운 표정과 포즈를 취하기 어렵다고 생각하지 않는다는 것이다. 대부분 내가 못생겼다거나 제대로 표정이나 포즈를 취할 줄 모르기 때문이라고 생각한다. 나는 사진을 찍을 때뿐만 아니라 사적이거나 공적인 자리에서 웃거나 재미있게 이야기해야 한다는 부담감을 가진 사람들을 많이 만나 왔다. 그들에게 어떤 역사와 배경이 있는지 들여다보자.

▎남들을 웃기는 것이 중요했던 이유

별이는 대화를 할 때 남들을 웃겨야 할 것 같은 부담감 때문에 긴장을 심하게 한다. 난 속으로 '왜 그렇게 남들을 웃겨야 하지?'

라고 생각했다. 그래서 나는 별이에게 남들을 안 웃기면 안 되는지 물었다.

나: 별이님은 웃기는 게 중요하시네요. 안 웃기면 안 되나요?

별이: 안 웃기면 사람들이 나를 좋아하지 않을 것 같아요.

나: 언제부터 그런 생각을 하게 되셨어요?

별이: 고등학교 때였어요. 저는 이야기할 때 남들을 웃겨서 인기가 있었거든요. 그런데 저보다 더 웃긴 친구가 전학을 왔어요. 그 친구는 나보다 더 웃겨서 인기가 더 많았는데, 그 후로 열등감도 생기고 말을 점점 하지 않게 되었어요.

나: 친구와 비교를 하시면서 점점 위축되고 말을 하지 않게 되셨네요. 그런데 꼭 웃겨야 하나요? 저는 친구를 사귈 때 웃긴 친구를 바라지는 않거든요.

별이: (얼굴이 빨개지면서 슬퍼 보인다) 저는 웃기는 거 말고는 내세울 게 없었어요.

별이는 왜 웃기는 거 말고는 자신이 내세울 게 없었다고 생각했을까? 나는 상담 과정을 통해서 그녀가 어렸을 때 아버지에게 많이 맞으면서 자신을 보잘것없는 아이라고 생각하게 되었다는 걸 알게 되었다. 그리고 할머니 밑에서 자라면서 할머니를 즐겁게 해드리지 못하면 나를 싫어할 것 같아 웃기려고 애를 많이 썼

당신도 자신의 이야기를 끝까지 다 듣지 않고
자기 이야기 위주로 하는 사람을 만났을 때 짜증이 났던 경험이 있을 것이다.
반면에 잔잔하게 대화하더라도
내 이야기에 관심을 가지고 잘 들어주는 사람을 만났을 때 얼마나 기분이 좋았던가?
그래서 상대방을 즐겁게 하길 원한다면,
말을 많이 하기보다 말을 줄이고 경청을 하는 것도 훌륭한 방법이다.

다는 것도 알게 되었다. 자신이 재롱을 떨면 할머니가 좋아했고 그때마다 안심이 되었다고 한다. 그렇게 자신을 보잘것없게 느끼는 가운데 존재감을 느끼는 순간은 사람들이 웃어줄 때였던 것이다.

남들을 웃기는 게 유일한 무기라고 생각했던 그녀가 더 웃긴 친구가 나타났을 때 얼마나 초라함을 느끼고 주눅이 들었을까? 그녀가 남들을 웃기려고 애쓰는 것은 자신의 존재감을 회복하려는 필사적인 노력이었던 것이다. 별이 말고도 남들을 웃기고 싶어하는 사람들이 많았다. 물론 저마다 그런 생각을 하게 된 역사와 그들이 처한 배경은 달랐다. 그러나 그 핵심에는 사람들에게 버림받지 않고 소속되고 싶다는 강한 욕구가 자리하고 있었다.

▌웃음을 강요하는 사람들

재미있게 말해야 한다는 부담 외에도 웃어야 한다고 느끼는 부담감이 있다. 그리고 그 부담감의 배경에는 웃음을 강요하는 사람들이 있다. 앞에서 태연이 살사춤 선생님에게 강요받았던 것처럼, '너, 얼굴 표정이 왜 그래? 좀 웃어봐.' 하고 강요받았다고 이야기하는 사람들이 있다. 흔한 예로 가정에서는 부모에게 혼이 난 아이가 뚱한 표정을 하거나 찡그리고 있거나 울고 있으면, "네가 잘한 게 뭐야? 얼른 얼굴 안 펴?" 하고 다시 야단맞는 경우다. 학교에서는 혼이 난 후 인상을 쓰는 아이에게 선생님이 흔히 하는 말은 "너 지금 불만 있어? 반항하는 거야?"와 같은 말이다.

회사에서는 상사와 갈등이 있을 때 윗사람이 불쾌한 표정을 짓는 것은 괜찮아도 아랫사람은 불편한 표정을 드러내면 안 된다고 하는 경우가 많다. 소희는 직장에서 표정관리를 못한다고 야단을 맞았다고 했다. 그녀는 자신이 감정조절이 미숙하다며 자책을 많이 했는데, 자세히 이야기를 들어보니 상사가 문제 있는 사람이라서 그녀가 감정을 조절하기가 어려울 만했던 경우였다.

또 다른 요소로는 매스미디어의 영향이 있다. 우리나라 TV 프로그램은 예능 프로그램의 비중이 매우 높은데, 이들 프로그램에서 나오는 대화는 즉흥적이고 흥미 위주의 대화로 구성되어 있다. 사람들이 이런 프로그램을 많이 보다 보면, 그 방식을 모델삼아 평상시의 대화도 그렇게 흉내를 내거나 그렇게 해야 할 것 같다는 생각을 은연중에 하게 된다.

사람들이 생각하는 내용은 이 시대나 문화와 무관할 수 없다. 사회의 거시적인 일들이 미시적인 일상에 영향을 미치고, 그 반대로 미시적인 현상이 거시적인 역사를 바꾸기도 한다. 나는 이러한 관점에서 웃음에 대해 사람들이 보이는 집착을 비합리적이라거나 이상하다고 보지 않는다. 전후 맥락과 배경을 이해하면 그 사람들이 그럴만한 것이다.

▌우리는 평소처럼 재미있게 이야기하고 있어요

　우리가 웃거나 웃겨야 한다는 부담을 가지게 된 역사와 배경에 대해서 이해하게 되면 내가 부족한 사람이라는 생각에서 벗어나 긴장을 풀게 되고, 그 결과 자연스럽게 대화에 임할 수 있다. 그러다 보면 좀더 잘 웃거나 잘 웃길 수도 있게 된다. 그리고 우리가 대화시 이미 하고 있는 방법들 중에 재미있게 하고 있는 것을 잘할 수 있다면, 노력하지 않아도 내가 유머러스한 사람이라는 생각이 들고 자신감이 생기게 된다.

　그렇다면 우리가 잘하고 있는 방법들이란 뭘까? 첫째, 경청이다. 누군가 자신의 이야기를 잘 들어주기만 해도 말하는 입장에서 기분이 좋고 신이 난다. 당신도 자신의 이야기를 끝까지 다 듣지 않고 자기 이야기 위주로 하는 사람을 만났을 때 짜증이 났던 경험이 있을 것이다. 반면에 잔잔하게 대화하더라도 내 이야기에 관심을 가지고 잘 들어주는 사람을 만났을 때 얼마나 기분이 좋았던가? 그래서 상대방을 즐겁게 하길 원한다면, 스스로 말을 많이 하기보다는 말을 줄이고 상대의 말을 경청을 하는 것도 훌륭한 방법이다.

　둘째, 재미는 공감에서 온다. 재미있는 말을 하지 않더라도 공감이 되면 즐거워지고 웃음이 나온다. 누군가와 어떤 생각과 감정, 몸의 느낌이 비슷하게 나타난다는 것 자체만으로도 재미가 있다.

이를테면 한 사람이 머리를 벅벅 긁으며 "머리가 가렵네." 하고 말할 때 "아! 나도 가렵네." 하고 같이 긁으면 서로 웃음이 나온다. 나는 이 실험을 여러 차례 해보았다. 둘이 마주 보고 서로 몸에서 느껴지는 감각만을 이야기하는 것이다. 많은 경우 몸의 비슷한 느낌을 동시에 느낄 때 긴장이 풀어지면서 웃음이 나왔다. 또한 감정이나 생각이 비슷할 때도 긴장이 풀어지고 편안해질 수 있다.

아마 자신이 공감능력이 떨어져서 안 된다고 생각하는 분도 있을 수 있다. 하지만 공감능력에 문제가 있는 사람은 거의 없다. 나는 그것이 다만 어린 시절에 하던 것을 잊어버렸기 때문이라고 본다. 어린아이는 무엇이든 호기심어린 눈빛으로 이해가 되지 않는 것을 계속 물어보곤 한다. 질문을 통해 상대방이 말하는 것을 잘 알게 되면 공감은 저절로 될 수 있다. 좀더 자세한 방법은 Part 4의 '잘잘잘 법칙으로 공감능력 키우기'를 참고해보시길 바란다.

마지막으로 솔직성, 의외성, 그저 잘 웃는 것 등이 있는데 역시 Part 4의 '노력하지 않아도 사람들을 웃기는 법'에 별도로 설명해두었다.

▎웃기는 것보다 편안한 게 더 좋아요

당신은 깔깔대며 웃지 않아도 몸이 아주 편안하고 부드러우며 행복함이 차오르는 것을 경험해본 적이 있을 것이다. 아침에 쾌변을 봤을 때 느껴지는 상쾌함이나, 따뜻한 욕조에 들어가 온 몸이 해파리처럼 풀어지는 느낌이나, 뽀송뽀송한 이불 속에 들어가 몸이 노곤해지는 경험 같은 것 말이다. 우리는 요란한 즐거움보다 더 소중한 편안함을 경험해봤을 것이다. 관계에서도 마찬가지다. 상대방이 내게 관심이 있고, 내 이야기에 흥미를 가지고 들어주는 것만으로도 행복해진다.

또한 사람들은 웃기를 원할 때도 있지만 웃지 않고 지금 기분 그대로 가만히 있기를 원할 때도 많다. 슬프거나 기분이 나쁠 때 억지로 웃으려고 하면 오히려 더 힘들고 기분이 나빠진다. 그럴 때는 가만히 현재의 기분과 몸 상태를 허용하고 내버려두면 점차 긴장이 자연스럽게 풀리면서 편안해지게 된다. 웃고 싶지 않은데 억지로 웃으면 내 감정에 대한 소외감이 느껴지면서 더 외로울 수 있다.

우리는 우울할 때 그저 우울하기를 원할 때도 있고, 화가 날 때 화난 상태로 있고 싶을 때가 있다. 타인에게도 그저 자신을 내버려두기를 바랄 때가 있다. 그것은 당신뿐만 아니라 상대방도 마찬가지다. 이 사실을 명심하자.

마지막으로, 웃기지 않은 자신을 수용했던 현이 이야기를 소개해보려고 한다. 그는 사람들을 만나면 간단한 반응만 하고 자신이 먼저 대화를 주도하지는 않았다. 자신이 말하면 사람들이 재미없어 할 것 같고, 왜 그렇게 볼품없는 말을 했냐고 타박받을 것 같아서 먼저 말할 용기가 나지 않았다. 맘에 드는 여자가 있어도 말을 잘 걸지 못하고, 모임에도 나가길 꺼려했다. 그러던 어느 날 현이가 내게 찾아와서 자신이 먼저 말을 꺼내기 시작했다고 했다.

현이: 그동안 사람들과 이야기할 때 대답만 했는데, 이번엔 제 이야기를 많이 했어요. 그래서 내 이야기를 한다는 게 재미있는 일이라는 걸 알았어요.

나: 어떻게 그럴 수 있었어요?

현이: 잘하는 사람들만 봐와서 그랬는지 이야기하다가 실패하는 것을 두려워했는데, 그동안 아르바이트를 하면서 사람들 이야기하는 걸 들어보니 다른 사람들도 이야기를 재미없게 할 때가 많더라고요. 그럴 때 사람들은 그냥 가볍게 스윽 넘어가버리고요. 그래서 내가 꺼내는 이야기도 무수한 이야기 중에 하나겠구나, 상대방의 반응에 얽매일 필요는 없겠다는 생각이 들었어요. 왜 그렇게 볼품없는 말을 했느냐 해도 난 상관이 없을 것 같아요. 다른 사람보다 내가 중요하게 되었어요. 내가 하고 있는 이야기를

용서한다고 해야 할까? 존재하는 것 자체만으로도 존재 이유가 있고, 그 정당성을 인정했다고 해야 할까요? 내가 무슨 말을 해도, 어떤 반응이 나오더라도 그건 내 잘못이 아니라는 생각이 들었어요.

내 감정과 욕구에 충실하면
날 싫어할까요?

상대가 싫어할까 봐 두려워 상대의 욕구를 가정해서 행동한다.
하지만 남보다 내가 훨씬 더 중요하다는 삶의 태도를 가져야 한다.

우리나라 사람들은 남을 참 중요하게 생각한다. 요즘에는 남보다 나를 더 중요하게 생각하는 모습들이 늘어났지만, 그래도 개인주의 문화권에서 사는 사람들보다 더 많이 눈치를 보고 살아간다. 우리는 어렸을 때부터 다른 사람을 배려하고 조심스럽게 행동하라는 말을 많이 들으며 자랐다. 그러다 보니 내 감정과 욕구보다는 남의 감정이나 욕구를 먼저 살피게 되고, 내 것을 내세우기보다는 남이 하는 것을 따라갈 때가 많다.

이러한 삶의 태도는 타인과 더불어 사는 데 도움이 되기도 한다. 공동체가 깨지지 않고 조화를 이루려면 개개인이 자신의 욕심을 내세우기보다는 서로가 배려하고 맞춰가는 태도가 필요하기 때문이다. 사회는 그런 태도를 권장하고 지지해주기 때문에 욕먹지 않고 배척당하지 않으려면 나를 내세우기보다는 희생하며 사는 것이 더 편리하고 이득이 많다.

한편으로는 그렇게 살다 보니 내가 꼭 그러지 않을 상황에서도 습관적으로 남을 먼저 생각해 문제가 된다. 신경 쓰지 않아도 될 일을 신경 쓰니 사는 게 피곤해지고, 내 감정과 욕구를 억누른 대가로 마음이 공허하게 느껴지기도 한다. No라고 해야 할 때 하지 못해서 고통을 겪을 때도 있다. 사소한 부분에서는 작은 스트레스로 끝나기도 하지만, 장기적으로는 삶의 방향이나 진로를 결정할 때 내가 무얼 원하는지 몰라 헤매기도 한다.

▌Yes라고만 말하는 사람들

창식은 친구가 돈을 빌려달라고 할 때 거절하지 못해 손해를 본 적이 많았다. 친구가 돈을 빌려가고 돈을 갚지 않아 맘이 상하고 결국에는 친구를 잃게 되는 경험을 자주 반복했지만, 여전히 누군가가 돈을 빌려달라고 할 때 거절하지 못한다. 자신의 상황이 좋지 않아도 무리해서 돈을 빌려주는 그에게 나는 "부탁을 거절하면 어떤 일이 일어나지요?"라고 물었다. 그가 대답한다. "친구와 사이가 불편해질 것 같아요."

이 글을 읽는 당신 또한 이런 생각을 할지 모른다. 거절할 이유가 있거나 사정이 있는데도 상대가 싫어한다면 그는 진정한 친구가 아닐 거라고 말이다. 그렇다. 거절했다고 관계가 나빠질 친구라면 Yes만을 말하는 당신을 좋아하거나 존중하기보다는 무시하거나 쉽게 볼 가능성이 더 많을 수 있다. 더 나아가 당신을 이용할 수도 있다. 그런데 이 사실을 창식은 정말 모를까? 아니다. 창식도 안다. 돈을 빌려줘놓고 좋은 경험을 하지 못했다는 것을 창식은 안다. 그래도 또 돈을 빌려주는 창식의 마음을 우리는 어떻게 이해해야 할까?

창식의 이야기를 더 들어보니 친구가 자신에게 실망할까 봐 두렵다고 한다. 상대가 얼마나 절실하면 그렇게 부탁할까 하는 생각이 들어 마음이 안 좋다는 것이다. 그 순간에 창식은 정말 마음이 많이 안 좋은 것이다. 친구의 마음을 아프게 하고 싶지 않은 마음이 더 많은 것이다. 그래서 머리로는 알지만 자꾸 가슴이 시키는 대로 "알겠다."라고 대답하는 것이다. 자꾸만 배신이라는 상처를 입는 창식이 답답하게 느껴지기도 하지만, 그 마음에는 다른 사람 마음을 아프게 하고 싶지 않은 절실한 무언가가 있었다.

창식의 친구는 사실 창식이 짐작하는 것보다 덜 힘들 수도 있고, 그렇게 불쌍한 처지가 아닐 수도 있다. 남들이 보면 그렇게 불쌍하지 않은데 상대를 너무 불쌍하게 보는 것은 내 마음 안에 있는 어떠한 강렬한 감정을 상대에게 덧씌워보는 것일 수 있다. 창식은 과거에 힘든 일이 많았고, 자신이 그렇게 힘들었던 것처럼 상대방도 그렇게 힘들 것이라고 느끼는 것이다.

▌No라고 말하면 어떤 일이 일어날까?

창식이 생각해보지 않은 부분이 있다. 그건 No라고 말하면 정말 나쁜 일이 생기기보다 좋은 방향으로 나갈 수도 있다는 것이다. 돈을 빌리는 사람 입장에서는 "안 된다."라는 말에 실망할 수 있지만, 이내 받아들이고 다른 방법을 찾아볼 것이다. 그리고 No라고 분명하게 말하는 친구가 처음에는 불편하겠지만, 이내 '걔는 그런 사람이구나.' 하고 인정하고 받아들이게 된다. 어려워하는 부분도 있겠지만 더 존중하는 마음도 생긴다.

또 사람들이 No라고 말하는 사람을 싫어할 것 같지만 오히려 더 좋아할 수 있다. 상대가 No라고 말하면 나도 쉽게 No라고 할 수 있어, 서로 요즘 말로 하면 쿨한 관계가 성립될 수 있다. 솔직하게 의사표현을 하는 친구와 대화하면 나도 분명하게 감정과 욕구를 표현할 수 있어 마음이 시원해지고 부담이 적어져 친구 관계가 더 오래 유지될 수 있다.

물론 창식의 경우보다 더 어려운 상황도 있다. 예를 들어 직장 생활에서 상사가 무리한 요구를 할 때는 더 거절하기 어렵다. 혹시라도 밉게 보여서 불이익을 받지 않을까 하고 걱정을 할 수 있다. 그래서 상사가 시킨 것에 불만이 있어도 참고 일을 하게 되는데, 그것이 오히려 좋지 않은 결과로 나타나기도 한다. 싫다는 의사표현을 하지 않으면 남의 일까지 더 맡게 되는 경우도 있는데, 그 결과 할 일이 너무 많아 다해내지 못하고 욕을 먹는 억울한 상황에 처할 수도 있다.

반대로 무리한 요구에 적절히 거절을 하거나 자기 주장을 잘하는 사람은 처음에는 욕을 먹을 수도 있겠지만, 그게 합리적이라면 상사가 받아들이기도 하고 존중받을 수도 있다. 자신이 할 수 있는 만큼 적당히 일할 수 있기 때문에 맡은 일에 대해서는 책임을 다하고 일처리를 잘할 수 있어 유능하다는 평가를 받을 수도 있다. 동료나 부하직원들이 있다면 자신들이 하고 싶었지만 못한 말을 대신해주기 때문에 좋아하거나 존경을 받기도 한다.

친구관계에서도 여러 명이 모인 자리에서 남들은 다 이것을 하자고 하는데 "난 싫어."라고 하는 사람도 있다. 그럴 때 다른 친구들이 '쟤는 왜 저래, 그냥 묻어가지.'라고 생각하거나 '이기적이다.'라고 생각하기도 하지만, 또 다른 친구는 '아, 나도 그 말이 하고 싶었는데, 대신 말해주니 시원하다.'라고 생각할 수도 있다.

물론 무조건 No라고만 이야기하는 것도 문제가 있을 수 있다.

이런 사람은 사람들에게 미움을 받고 배척당할 수 있다. 상대방의 처지나 입장을 생각하지 않고 자신의 생각만을 고수하는 사람은 더불어 살아가기 어렵기 때문이다. 자신의 감정이나 욕구를 소중히 하면서도 상대방의 마음도 소중히 여길 수 있는 중용의 미덕이 필요할 것이다.

그런데 이 중용의 미덕을 지키며 산다는 게 말처럼 쉽지는 않다. 분명한 상황이라면 선택이 어렵지 않겠지만 조금 더 복잡한 상황이라면 잠시 No를 미뤄두고 Yes를 말할 수도 있고, No라고 말은 했지만 실제로는 상대방의 요구를 어느 정도 들어주어야 할 때도 있을 것이다. 그러나 내 감정과 욕구를 분명히 아는 상태에서 하는 것과 잘 모르는 채 이리저리 휩쓸려서 헤매는 것에는 큰 차이가 있다.

▌나의 편안함과 욕구를 소중히 하는 실험들

우리는 서로의 거울이 되어준다. 몇 년 전 한 친구가 내가 보지 못했던 모습에 대해 말해주었다. 같이 뭔가를 해야 할 때 성급히 나서서 하는 내 모습을 보고, 왜 그렇게 급하게 서두르냐며 일일이 말해주는 것이었다. 어느 날은 소변이 마려워 그에게 물어봐서 같이 화장실을 갔더니 소변기가 하나만 있는 곳이었다. 그

남을 배려한다고 긴장하고 재빠르게 움직이던 그 조그만 시간들이 쌓이면
꽤 많이 피곤해진다는 것도 알게 되었다.
또 남을 배려한다고 내 감정을 해소하지 않으니
나중에 섭섭한 마음이 남는다는 것도 알게 되었다.
반면에 내 감정에 충실하고 원하는 것을 잘 표현하니
유쾌한 마음으로 다른 사람을 대할 수 있게 되었다.

때도 내 뒤에 기다리는 사람을 두면 마음 편하게 소변을 못 볼 거 아니냐고, 또 자신을 편안하게 두지 않는다고 지적해주었다. 그 친구를 만나면서 나는 남 위주로 사는 부분이 많았다는 것을 깨닫고는 보다 나를 편안하게 돌봐야겠다는 생각을 하게 되었다.

그 후로 나는 여러 가지 실험들을 해보았다. 같이 청소를 해야 할 때 혼자 서둘러 급하게 하지 않고 느긋하게 해보기도 하고, 여러 명이 모인 자리에서 과일을 깎아야 할 때 나서지 않고 다른 사람이 깎아주는 것을 받아먹는 실험도 했다. 음식점에 갈 때도 내가 먹고 싶은 것을 제안해보기도 했다. 처음에는 불편한 마음이 들었지만, 점차 그래도 괜찮다는 것을 알게 되었다. 타인의 배려에 미안한 마음만 갖기보다는 고맙다고 표현하니 그도 기분이 좋아보였다. 또 내가 원하는 것을 잘 표현하니 상대방도 자신이 원하는 것을 더 잘 말하게 되는 것 같았다.

생각해보니 오래 전 대학 시절에도 좋은 선생님이 있었다. '착취의 벼랑 끝'이라고 불리우던 선배가 있었는데, 그는 나에게 밥을 사달라고 하면서도 당당하게 고마워하라고 했다. 내게 밥을 사주니 마음이 기쁠 거 아니냐고, 나는 네 마음이 기분 좋아질 기회를 베풀었으니 네가 나에게 감사해야 한다고 말이다. 나는 그 말이 아주 시원하고 재밌었는데, 정말 일리가 있는 말이었다. 물론 그 선배는 자신이 돈이 있으면 베풀기도 잘하는 사람이었다. 그 후로 나도 다른 사람에게 밥을 사달라고 하는 것이 더 편안해지기 시작했다.

이 실험들을 통해 내 감정과 욕구에 충실해보니 마음이 시원해지고 활력이 더 생기게 되었다. 남을 배려한다고 긴장하고 재빠르게 움직이던 그 조그만 시간들이 쌓이면 꽤 많이 피곤해진다는 것도 알게 되었다. 또 남을 배려한다고 내 감정을 해소하지 않으니 나중에 섭섭한 마음이 남는다는 것도 알게 되었다. 반면에 내 감정에 충실하고 원하는 것을 잘 표현하니 유쾌한 마음으로 다른 사람을 대할 수 있게 되었다.

▎안 주고 안 받는 관계에서 주고받는 삶으로

많은 이들이 누군가에게 손 내미는 것을 두려워한다. 내가 무언가를 받으면 그만큼 해주거나 더 무언가를 보답해야 할 것 같은 부담감 때문에 도움받기를 주저한다. 그래서 어려운 일이 생겨도 혼자 맘고생을 하면서 외롭게 시간을 보낸다. 마음으로 주고받는 일도 마찬가지다. 내가 감정과 욕구를 내보이면 상대방이 불편해할 것 같아서 말을 잘 하지 않는다. 뭔가 폐를 끼치면 안 될 것 같다는 생각을 많이 한다.

반면에 좋은 의미에서 어린아이처럼 자신의 감정과 욕구를 잘 내보이는 사람들도 있다. 힘들 때 힘들다고 말하고, 자신을 위로

해달라고 당당히 말한다. 그들은 자신이 힘든 이야기를 해도 괜찮다는 것을 안다. 왜냐하면 자신도 다른 사람을 위로해주면 된다고 생각하기 때문이다. 내가 먼저 힘든 이야기를 하면 상대방 입장에서는 '나를 가깝게 생각하고 믿어주는구나.' 하는 마음에 고마울 수도 있고, 마음을 열고 내게 고민 이야기를 해올 수도 있다. 안 주고 안 받는 관계보다는 주고받는 관계로 사는 것이다.

우리는 이렇게 마음을 주고받으면서 풍요로운 삶을 살게 된다. 사실 우리가 진정으로 힘든 것은 누군가의 힘든 이야기를 들어서가 아니라, 힘들 때 힘들다고 말하지 못하는 외로움 때문이다. 더불어 서로의 감정과 욕구가 만나면서 서로가 편안하게 만날 수 있는 건강한 경계도 생기게 된다. 이 경계가 있을 때 우리는 부담 없이 상대에게 베풀 수도 있고, 또 상대 역시 나에게 뭔가를 해줄 수 있다.

정말 상대방이
나를 싫어하는 것일까?

나와는 상관없이 나를 싫어하거나 불편해할 수도 있음을 알자.
매일 슬픈 일이 일어나는 나 자신에 대해 생각하는 걸 멈춰라.

　대인관계에서 가장 힘든 일 중에 하나는 이유를 알 수 없는데 왠지 나를 불편해하거나 싫어하는 느낌을 받을 때다. 솔직하게 "뭔가 불편한 게 있냐?"라고 직접 물어보고 해결할 수 있으면 다행이지만, 확인하지 못하면 여러 생각에 시달리기도 한다. '내게 뭔가 문제가 있는 게 아닌가?' 하고 추측하면서 이유가 될만한 것들을 찾는데, 그 과정에서 마음속에 숨어 있던 열등감이 건드려져서 고통스럽다.

　이런 현상은 자의식(egotism)이 많은 사람에게서 두드러진다.

게슈탈트 심리치료 이론에서는 자의식을 개인이 타인의 반응을 걱정해서 자신을 지나치게 의식하고 관찰하는 것으로 정의하고 있다.

자의식이 높으면 상대방의 좋지 않은 표정을 내 문제로 돌리기 쉬운데, 사회심리학에서는 이를 행위자-관찰자 편향(actor-observer bias)으로 설명한다. 이동원과 박옥희의 저서 『사회심리학』에서 행위자는 자신의 행위의 원인을 상황이라는 외적원인에 돌리고, 이와 반대로 관찰자는 내적성향 탓으로 돌리는 경향이 있다고 한다. 이러한 편향이 나타나는 이유는 행위자는 자신이 행위를 할 당시의 상황을 누구보다 잘 알고 있고, 관찰자는 그러한 상황적 요인을 잘 알지 못하기 때문이다.

연애를 하면 이런 마음의 과정이 더욱 선명하게 드러난다. 열등감이나 자격지심이 많은 사람은 상대가 나를 좋아하지 않을 거라는 가정을 하고 사람을 만나기 때문에, 상대방에게 더 집착하며 매달린다. 연인에게서 전화나 문자가 늦게 오면 몹시 불안해져 상대를 의심하고 화를 내게 되는데, 상대방은 이런 행동 때문에 고통스러워 연인을 피하거나 싫어하게 된다. 마음은 사랑받고 싶은데 상대방이 나를 싫어하게 만드는 행동을 하고, 그로 인해 열등감이 깊어지는 비극이 일어나는 것이다.

▍사람들이 나를 왜 싫어하는지 알고 싶어요

　명희는 상대의 표정이 조금이라도 굳어 있거나 무표정이면 상대가 자신에게 뭔가 기분 나빠한다는 쪽으로 생각한다. 그래서 상대가 나를 싫어한다는 생각을 하고, 그런 생각을 하니 사람들 사이에 있는 것이 너무 괴롭다. 모든 사람들이 다 나를 싫어하는 것 같고, 내게 뭔가 문제가 있는 것 같은데 그게 뭔지 몰라서 더 괴롭다. 명희가 그런 생각에 더 확신을 갖게 된 것은 몇 명의 사람들이 자신의 첫인상을 보고 차갑게 느껴진다고 한 말을 듣고 나서다.

　나는 명희의 이야기를 들으면서 미궁 속에 빠지게 되었다. 왜냐하면 그녀는 상냥했고 예의가 발랐으며, 같이 이야기하는 게 따분하거나 싫지도 않았기 때문이다. 나는 '왜 사람들이 명희를 싫어할까?'에 대한 답을 도저히 찾을 수 없어서 그룹상담을 통해 어떤 문제가 있는지 살펴보기로 했다. 그러나 그룹상담을 통해서도 나는 그녀의 문제를 발견할 수 없었다. 그럼에도 명희는 자신은 정말 사람들이 싫어할만한 이유가 있고 그래서 자신이 힘든데, 그것을 사람들이 몰라주니 너무 고통스럽다고 했다.

　그렇게 한동안 답을 찾지 못하다가 명희는 사람들에게 자신이 불편한지, 혹은 싫은 점이 무엇인지 적극적으로 물어보기 시작했다. 그래서 명희가 발견한 것은 다음과 같다. 첫째, 상대가 이성

일 경우 싫어한다기보다 눈 마주치기를 두려워하는 사람들이 있다는 것을 알게 되었다. 둘째, 자신이 적극적으로 누군가에게 다가갈 때 그것을 불편해하는 사람도 있다는 것을 알게 되었다. 셋째, 자신과 닮은 사람에 대한 좋지 않은 기억 때문에 자신을 불편해하는 사람도 있다는 것을 알게 되었다.

또 명희는 그룹상담에 참여하면서 다음과 같은 사실을 발견하게 되었다. 명희의 말을 직접 들어보자.

"그룹상담에서 몇 가지 의미 있는 사건들이 일어날 때마다 제가 변하기 시작했어요. 첫 번째 사건은 어떤 분이 혼자 계속 아무 말씀도 하지 않고 있어서 제가 좀 눈치가 보였어요. 그래서 계속 그분이 무슨 말을 할까 관심 있게 지켜보고 있었는데, 이분은 제가 자기에게 관심을 주지 않아서 자신을 무시했다고 생각하는 것 같았어요. 난 사실 그분이 말씀하시길 기다리고 있었거든요. 그때 나도 대화에 참여하지 않고 눈치보고 있느라 말을 하지 않고 있다가 다른 사람들이 나를 싫어하는 줄 알고 우울했던 게 생각났어요. 그래서 사람들이 나한테 말을 걸어주지 않는다고 날 싫어하는 게 아니라 오히려 다른 사람들도 내가 대화에 참여하기를 바란다는 걸 배웠죠. 그다음부터 관심 없는 화제라고 해도 꼭 대화에 참여하려고 노력했어요.

두 번째 사건은 그룹 내에서 날 싫어할 거라고 제가 혼자 생각하고 있었던 분이 있었는데, 그렇게 생각했던 이유는 제가 그분에게 말을 걸어도 대답을 잘 안하시고 저한테 되게 무관심해 보인다는 거였어요. 내가 얼마나 싫으면 내 말을 다 무시할까 싶어 너무 속상했는데, 좀 지내다보니 저한테만 그러는 게 아니더라구요. 상담을 하면서도 계속 무슨 생각 같은 것을 하시는 것 같았어요. 돌이켜보니 저도 그런 적이 많았어요. 내가 저렇게 혼자 내 문제만을 생각하고 있으면 다른 사람들도 내가 자기를 싫어할 거라고 생각할 수도 있겠다 싶어서, 그때부터 그룹상담 시간에 내 문제만 생각하는 습관을 버렸어요. 우울하고 매일 슬픈 일이 일어나는 나 자신에 대해 생각하는 걸 멈추고 다른 멤버들이나 그룹상담이 진행되면서 앞에서 일어나는 일들에만 관심을 주려고 노력했어요."

▌나를 싫어하거나 불편해할 수 있다

명희의 이야기에서 우리가 알 수 있는 것 중에 하나는 상대가 자신과는 상관없이 나를 불편해할 수 있다는 것이다. 우선 이성끼리 만났을 때 불편해하는 경우가 많다. 많은 남성들이 매력적으로 느끼는 여성들을 어려워하고 그 앞에서 긴장을 한다. 반대의 경우도 마찬가지다. 이성과 교제해본 경험이 적은 사람들은 물론이거니와 이성과 교제 경험이 많은 사람이라고 할지라도 맘에 드는 이성 앞에서는 긴장을 한다.

반대로 동성에 대해 더 불편함을 느끼는 사람들도 많다. 서로 뒷담화의 대상이 된다거나 힘, 외모, 능력 등의 경쟁관계에서 패배할까 봐 두려워 긴장의 끈을 놓지 못하기도 한다. 또한 연상과 불편한 사람이 있고, 연하와 불편한 사람도 있다. 이처럼 사람들은 자신과 다른 위치에 있거나 비슷한 위치에 있는 사람들에 대해 다양한 이유로 두려움을 느끼고 긴장을 한다.

둘째, 과거에 안 좋은 일을 당한 사람은 그 당시의 가해자가 만약 당신과 비슷하다면 당신을 불편하게 생각할 수 있다. 이를테면 스토킹을 경험한 사람은 스토커와 비슷한 사람만 봐도 놀라거나 피한다. 학교에서 어떤 선생님에게 심하게 맞거나 혼난 경험이 있다면, 직장에서 상사에게 고통을 당한 적이 있다면, "자라보고 놀란 가슴 솥뚜껑 보고 놀란다."라는 속담처럼 비슷한 이미지의 당신을 무서워하거나 피할 수 있다.

셋째, 자신이 가지지 못한 부분을 가진 사람을 부러워하면서도 싫어할 수 있다. 미영은 자랑을 하는 사람들이 그렇게 싫을 수가 없었다. 또 명랑하게 이야기하고 활동하는 사람들을 보며 '참, 많이 나댄다.'는 생각을 하면서 싫어했는데, 이야기를 나누다 보니 자신도 그렇게 하고 싶은 마음이 있다는 것을 깨닫게 되었다.

넷째, 나를 싫어하지 않아도 주변 사람들 때문에 나를 싫어할 수 있다. 요즘 학교 현장에서 많이 일어나는 유형으로, 학급에서 분위기를 주도하는 아이가 한 명을 찍어서 싫어하면 그 무리에 속한 모든 아이들이 그 아이를 왕따로 만든다고 한다. 이유를 들어보면 싫어할 이유가 없거나 별 이유가 아니지만, 왕따를 당하는 아이를 두둔하면 자기도 왕따를 함께 당하기 때문이란다.

이 외에도 다양한 이유들이 있을 것이다. 그저 몸이 피곤하거나 몸이 아파서 표정이 안 좋을 수도 있고, 이런저런 오해나 편견으로 나를 불편해할 수도 있다. 이런 단서들을 제대로 보지 못한다면 상처를 받고 고통에 빠지게 된다. 그래서 우리는 정신적 생존을 위해 상황을 정확히 파악해나가야 한다.

▌활발하지 않으면 나를 싫어할 것 같아요

명희는 자신이 사람들에게 관심을 보이니 자신을 싫어하지 않는다고 생각했다. 좀더 적극적으로 다가가서 말을 하니 관계가 더 편해졌다고 했다. 그런데 문제는 상대방에게 너무 다가가려고 애쓴 나머지 너무 피곤하고 지치는 것이었다. 경미도 같은 어려움을 이야기했다. 상대방이 싫어도 억지로 웃으면서 대하고 자신이 먼저 다가가려고 애쓰는 것이다. 마치 자신이 가면을 쓴 것 같고, 자신이 아닌 것 같아 괴롭다고 했다.

선미는 자신이 활동적이지 않은 것이 콤플렉스라고 했다. 사람들이 자신에게 "넌 주말에 뭐하니?"라고 묻는 게 가장 큰 스트레스 중에 하나다. 그 말을 들으면 내가 왠지 사람들과 어울리지 못하는 못난 애처럼 느껴져서 괴롭다는 것이다. 또 주변에서 "사람들과 잘 어울려봐."라는 말을 자주 듣는다고 한다.

요즘에는 이들처럼 활발함에 대한 부담감을 가진 사람들이 많이 늘어났다. 산업화가 진행되고 사람조차 상품으로 평가되어 자기 홍보가 중요해졌는데, 이 과정에서 전에는 문제되지 않았던 활동적이지 않은 사람들이 시대의 기준에 부합하지 않게 되었다. 거기에 개인적인 요인이 더해져 활발하지 않으면 사람들이 나를 싫어할 것 같다고 생각하는 이들이 늘어나게 된 것이다.

여기에 이런 '활발하라.'라는 강요에 외롭게 맞서 싸우는 사람들이 있다. 선아는 그룹상담에 와서 잘 알지도 못하는 사람이 자신에게 "너도 활발하게 사람들과 어울려봐." 하는 말을 듣고 분개해서 다음과 같은 말을 쏟아냈다.

"지가 뭔데, 잘 알지도 못하면서 어떻게 내게 그런 말을 할 수 있냐고요. 나는 지가 싫어서 말을 안 한 건데, 나보고 '너는 왜 말이 없느냐, 활발하게 해봐라.' 하냐고요? 그리고 꼭 사람들 전부하고 잘 어울려야만 하나요? 내가 좋아하는 사람만 만나고 싫은 사람은 안 만나면 되는 거지. 나는 그렇게 강요하는 사람이 정말 싫어요. 내가 조용히 있고 싶으면 그렇게 있는 거지, 자기가 무슨 권리로 주제넘게 활발하게 해라 마라 하냐고요."

선아의 이야기를 듣고 그룹상담에 있던 사람들은 정말 실컷 웃었다. 나도 들으면서 속이 시원하고 후련했다. 사람들의 마음 속에는 사람들에게 맞춰주고 잘 어울려야 한다는 부담감이 있었지만, 그것 못지않게 자신이 싫은 것은 하지 않고 하고 싶은 대로 있고 싶은 마음도 컸기 때문이리라. 그 마음을 선아가 대변해준 것이다.

물론 사회생활을 하면서 어느 정도의 적극성은 필요하다. 그러나 여기에서 강조하는 것은 내가 먼저 기준이 되어야 한다는 점이다. 내가 중심을 잡으면 필요한 상황에서는 적절하게 활발하게 있고, 굳이 필요 없을 때에는 무리하지 않을 수 있다. 그리고 의무감이나 강요에 휘둘리지 않는다면 타인과 접촉하고 싶어하는 욕구나 자발성이 살아나 즐거운 만남이 이루어질 것이다.

▌만남은 편견과 오해를 넘어선다

상담가들은 상담을 진행하기도 하지만 자신들도 마음의 성장을 위해 개인상담을 받거나 그룹상담에 참여한다. 나도 꾸준히 5박 6일 그룹상담을 일 년에 한두 번씩 참여하곤 하는데, 그곳에 가면 왠지 불편한 사람을 만나게 된다. 그 중에 한명은 나와 비슷한 또래였는데, 그 친구를 보면 그가 나를 싫어할 것 같은 느낌 때문에 괴로웠다. 내가 불편했던 이유는 그가 내가 부러워하는 것들을 가졌고, 나보다 여러 면에서 나은 것 같이 보여 내 열등감이 건드려졌기 때문이다.

그렇게 불편하게 며칠을 지내다가 나는 정면돌파하기로 했다. 그룹에서 이야기할 때 내가 그 친구를 불편하다고 개방을 하고, 그룹 내에서 단 둘이 대화하는 시간을 가진 것이다. 그 과정에서 나는 그가 가진 고통에 대해 듣게 되었다. 대화하기 전에는 내게 부러운 점만 보였는데 알고 보니 그도 사는 데 힘든 점이 많은 사람이었고, 그렇게 대화하고 나니 누가 더 잘나거나 못나게 느껴지지 않게 되었다.

사실 알고 보면 누구보다 더 잘 나거나 못난 사람은 없는 것 같다. 비교는 끝이 없다. 사람들은 대개 자신의 좋은 점보다는 상대방의 장점을 더 크게 보기 때문에 비교하는 과정 속에서 자신감을 잃게 된다. 그러나 귀를 열고 다른 사람들이 살아가는 이야기를 듣게 되면 점점 놀라운 사실들을 알게 된다.

나는 상담가라 겉으로는 괜찮은 것처럼 보이지만 속으로 힘든 사연들을 가진 사람들을 많이 만났기에 좀더 이 사실을 아는 게 쉬웠다. 그리고 주변 사람들과도 비교적 솔직하게 사는 이야기를 터놓고 지내기 때문에 상담소에 온 사람들뿐만 아니라 보통 사람들의 어둡고 고통스러운 단면들도 많이 알게 되었다. 이런 과정을 통해서 나는 자신감을 많이 갖게 되었다. 내 삶이 그렇게 부족하거나 나쁘지 않다는 결론에 빨리 도달할 수 있게 되었다.

사람들이 이런저런 이유로 나를 불편해하거나 싫어할 수 있다. 하지만 만나서 대화를 하면 그 첫인상을 쉽게 극복할 수 있다는 것을 우리는 알고 있다. 당신은 학교나 일터에서 불편한 사람에게 다가가본 경험이 있을 것이다. 처음에는 그 사람이 무섭거나 차가울 거라고 추측했지만, 대화해보니 내가 생각하던 것과 달랐다는 것을 한두 번쯤은 살면서 경험해봤을 것이다. 그렇게 만나고 대화하며 우리는 마음의 장벽을 걷어내고 진실한 관계를 만들어간다.

가까이에 있는 사람을
넘어 친구 되기

상대방이 자신의 힘든 이야기를 나에게 했다면 이제 내 차례다.
상대방이 양파 껍질을 하나 벗었으니 내 양파 껍질을 벗을 차례다.

　　살아가다 보면 편안하고 즐거운 날들보다는 힘들고 우울한 날들이 많다. 친구에게 연락은 하고 싶지만 매일매일이 똑같은 날들의 반복이라서, 못나 보이는 모습을 보이고 싶지 않아서 전화기를 바라만 보다가 고개를 돌리곤 한다. 또 힘들어 보이는 친구에게 어떻게 말을 걸어야 할지 주저하기도 하고, 친구가 힘든 이야기를 먼저 하더라도 어떻게 반응해야 할지 고민스러울 때가 많다. 그렇게 내가 하고 싶은 이야기를 숨기고, 또 상대방이 하고 싶을지도 모르는 이야기를 외면하다 보면 서로 할 말이 없어지고 관계는 소원해진다. 사실 삶의 대부분은 어두운 내용들이 많은데 그것을 빼고 나면 대화거리가 없어지는 것이다.

한편으로는 자신의 이야기를 용기 내어 말할 때가 있다. 상대방이 내 이야기를 들어줄 것 같은 느낌이 들면 어렵고 힘든 이야기를 하게 된다. 또 상대방이 먼저 자신의 어려운 처지를 말하면 나도 내 이야기를 하고 싶은 마음이 들면서 함께 이야기를 나누게 된다. 그저 가까운 사이와 친구를 구별하는 방법은 눈치를 덜 보고 힘든 이야기를 나눌 수 있는 관계가 아닌가 싶다. 같이 방귀를 뀌면서 깔깔거릴 수 있는 친구, 내 흉허물을 스스럼없이 보일 수 있는 사람이 있다면 이 얼마나 감사한 일인가.

그러나 어떻게 친구를 만들 것인가? 상대방이 내 이야기에 관심이 없을 수도 있고 나를 못마땅해 할 수 있는데? 상대방이 나를 싫어할지도 모르는데? 괜히 이야기했다가 어색해지고 사이가 멀어질 수도 있는데? 우리는 이런 질문을 뚫고 나아가야 한다.

▌ 양파 껍질 벗기듯 친해지기

남자들은 아는 사람들끼리 대중 목욕탕에 같이 갈 때가 있다. 그런데 친한 사이라도 민망한데, 좀 덜 친한 사람과 함께 옷을 벗는다는 것은 더더욱 민망한 일이다. 그때 나는 상대방이 벗는 것을 보면서 나도 하나 둘 벗는다. 나만 먼저 다 벗고 그 사람이 벗기를 기다리지도 않고, 그 사람이 다 벗고 난 다음에 벗기를 시작하지도 않는다. 한 사람이 하나를 벗으면 나도 하나 더 벗을 용기가 나고, 그렇게 주거니 받거니 옷을 다 벗고 나면 마음이 한결 편해진다. 사람을 양파로 비유한다면 서로가 하나씩 껍질을 벗는 것과 같다.

대화를 할 때도 서로의 양파 껍질을 하나 둘 벗기듯 할 수 있다. 내가 너무 빠르게 다 개방하고 다가가면 상대가 불편할 수도 있고, 너무 개방하지 않아도 상대방은 어려워할 수 있다. 물론 서로가 빠르게 마음을 보이는 사람들끼리 만난다면 이러한 과정은 순식간에 진행될지도 모른다. 그러나 둘 중 한 사람만이더라도 천천히 마음을 보이는 것을 원한다면, 협주곡을 연주하듯이 함께 박자와 리듬을 맞추는 것이 좋을 것이다.

처음 만나는 사람이라면 어색하고 불편할 것이다. 이런 순간에는 가벼운 주제부터 이야기를 시작하자. 조금씩 서로에 대해 질문을 하면서 어떤 사람인지 알아가는 과정이 진행될 것이다. 어디에 사는지, 무슨 일을 하는지, 어떤 것에 관심이 있는지, 좋아하고 싫어하는 것이 무엇인지에 대해 이야기를 나누자. 그러다 보면 점점 서로에 대해 아는 것이 많아지게 되고 그럴수록 관심과 흥미가 더 생겨날 것이다. 이런 주제는 주고받기가 쉽다.

그러다가 좀더 친해진 사이가 되면 뭔가 더 불편해지기도 한

'혹시 말하기 불편해하지 않을까?' 하는 생각으로
상대방의 마음을 물어보지 않는 사람들도 많다.
그런데 생각보다 자신의 힘든 이야기를 말하고 싶어하고
누가 물어봐주기를 바라는 경우가 많다.
말하기 어려워하는 것은 상대방이 나를 이해해줄 수 있는지,
나를 이상하게 보지 않을지 걱정해서 그러는 경우다.

다. 가벼운 대화거리는 어느새 동이 나고, 속 이야기를 하자니 그렇게까지 친하게 느껴지진 않아서 말하기 불편해지는 순간이 온다. 우선 상대방에게 질문하는 것이 어렵다. 표정이 안 좋아 보일 때 내가 어떤 말을 하면 불편해할까 봐 걱정할 수 있다. 이 순간 우리는 선택을 해야 한다. 그냥 내버려 둘 때와 다가가서 말을 건네야 할 때를 구별하는 것이다. 그러나 문제는 겉으로 보이는 것만으로는 알 수 없다는 것이다.

'혹시 말하기 불편해하지 않을까' 하는 생각으로 상대방의 마음을 물어보지 않는 사람들도 많다. 그런데 생각보다 자신의 힘든 이야기를 말하고 싶어하고 누가 물어봐주기를 바라는 경우가 많다. 말하기 어려워하는 것은 상대방이 나를 이해해줄 수 있는지, 나를 이상하게 보지 않을지 걱정해서 그러는 경우다. 만약 말하기 싫어하더라도 '그렇구나.' 하고 넘어가면 되기 때문에 물어보는 것을 주저할 필요는 없다.

"표정이 안 좋아 보이는데 무슨 일 있어?" 하면 상대방이 이야기를 할 것이다. 몸이 안 좋다든가, 안 좋은 일이 있었다든가 하는 반응을 보일 것이다. 안 좋은 일이 있다고 하면 "뭔지 이야기해 줄 수 있니?"라고 물을 것이다. 만약 상대방이 이야기하고 싶다면 말을 할 것이고, 하기 싫다면 하지 않을 것이다.

상대방이 자신의 힘든 이야기를 하고 나면 이제는 내 차례다. 상대방이 힘든 이야기를 털어놨는데 내가 뭔가 이야기를 하지 않으면, 상대방이 부끄러워할 수도 있고 외로워할 수도 있다. 그럴 때는 공감이 되면 공감이 되는 부분을 이야기하고, 공감이 되지 않더라도 이해가 되는 부분을 이야기해줄 수 있다. 더 나아가서 상대방이 양파 껍질을 하나 벗었으니 내 양파 껍질을 벗을 수 있다. 내 힘든 사정도 이야기할 수도 있고, '내가 널 이상하게 보지 않는다.'라는 마음을 전할 수도 있다.

반대로 내가 누군가에게 힘든 이야기를 하고 싶을 때가 있다. 상대방이 내 이야기에 관심이 있는지 없는지를 살핀 후에, 말해도 될만한 상대 같으면 조심스럽게 이야기를 꺼낼 수 있다. 그렇다고 깊은 이야기를 바로 하기는 어려울 것이다. 처음에는 "집에 힘든 일이 있어서 많이 우울하네."와 같은 이야기를 먼저 꺼내 보자. 그러면 친구가 무슨 일이냐고 물어볼 것이고 조금 더 이야기를 할 수 있을 것이다. 친구가 물어보지 않는다면 "너도 집에서 힘든 일이 있니?" 하고 물어볼 수 있다. 그리고 좀더 양파 껍질을 벗기듯 "난 아버지와 사이가 안 좋아서 힘들어. 넌 아버지와 사이가 좋니?" 하는 식으로 물어볼 수 있다.

이런 초반 탐색 과정에서 상대방이 내 이야기에 관심이 있는지, 이야기하고 싶어하는지를 알 수 있다. 또한 나만 속마음을 보여주는 게 아니라 질문을 통해 상대방도 같이 마음을 보여주는 효과가 있기 때문에 서로 민망함이 덜해지며 말할 용기를 얻게 된다.

▎힘든 이야기를 재미있게 나누기

사람들은 슬프고 우울한 이야기는 잘 하지 않으려고 한다. 이야기를 해도 상대방 마음이 불편해지거나 재미가 없을 것 같다고 생각하기 때문이다. 그런데 이 힘든 이야기를 어떻게 나누냐에 따라서 재미도 있고 마음도 풀어질 수 있다.

우리는 이야기를 해서 좋았던 적도 있고 좋지 않았던 적도 있을 것이다. 말하면서 뭔가 이해받고 공감받는 느낌이 들었다면 뾰족한 해결책을 얻지 않아도 기분이 좋고 마음이 편해졌을 것이다. 반면에 상대방 반응이 좋지 않아서 괜히 이야기했다는 생각이 들었을 때도 있을 것이다.

이야기 내용이 어떻든 지루하거나 힘든 대화 방식이 있다. 대표적인 것으로 넋두리나 하소연, 혼잣말 등이 있다. 넋두리나 하소연은 엄밀히 말해서 대화라기보다는 일방통행이다. 함께 마주 보고만 있지 이야기하는 사람 혼자서 이야기하는 것이고, 듣는 사람도 이 사람이 나와 이야기하기보다는 자기 혼잣말을 하는 것 같다는 느낌 때문에 답답하고 짜증이 날 수 있다. 또한 아무리 재미있는 내용이더라도 혼자서만 이야기한다면 그것 역시 함께하는 느낌이 적을 것이다.

반면에 슬프거나 우울한 이야기를 하더라도 재미있게 이야기할 수 있다. 힘든 이야기가 상대방을 불편하게 만든다고 생각하는 사람들이 많지만, 실제로는 그렇지 않다. 우리가 어떤 이야기를 하면서 해결책을 제시해줘야 한다거나 상대방 마음에 드는 반응을 하려고 하는 마음을 내려놓을 수 있다면, 감정을 나누는 것만으로도 기분이 나아지곤 한다.

나는 내게 상담을 받으러 온 사람들의 온갖 고통스러운 사연을 듣는다. 이런 내게 내담자들은 이런 이야기를 듣는 게 힘이 들지 않냐고 종종 묻곤 한다. 물론 나는 집중을 많이 해야 할 때에는 힘이 들기도 하지만, 힘든 이야기를 나눌 때조차도 오히려 마음이 편안해지고 몸이 따뜻해지는 경험을 한다. 그 이유는 감정에 머무르는 것이 긴장을 풀어주기 때문이다. 슬픔과 같은 감정은 억누르거나 피하려고 할 때 고통스러워지는 것이지, 오히려 그 감정 속으로 깊이 들어가면 긴장이 풀리면서 몸에 피를 돌게 한다.

나는 내가 무엇을 하지 않아도 내담자 스스로 이야기하면서 변화하는 것을 지켜본다. 우리는 두려움에 대해 이야기할 때 두려운 것에서 벗어난다. 단지 대화를 하는 것만으로도 두려움과 나 사이에 거리가 벌어지고, 그 여유만큼 자유로워지고 몸에서 긴장이 풀려나는 것을 보니 즐겁지 않을 수 없는 것이다.

또한 상대방의 고통은 내게 즐거움이 된다. 이 무슨 심보냐고 오해할 분도 있을지 모르겠지만 잘 생각해보면 우리는 다른 사람의 어려움을 듣고 위로를 받는다. 내 친구 중에 하나는 사는 게 힘들 때마다 더 힘들게 일하는 사람들이 있는 재래시장을 간다. 새벽부터 일어나서 어렵게 생활하는 사람들을 보면 '내 삶이 그렇게 나쁘진 않구나.' 하는 생각이 든다고 한다. 굳이 시장을 가지 않더라도 조금만 이야기를 나눠보면 겉으로는 멀쩡해 보이는 많은 사람들이 말하지 못할 고통과 사연들을 가지고 있다. 그 이야기를 듣다 보면 사람 사는 게 별반 다르지 않다는 걸 느끼면서 내가 처한 상황이 덜 나쁘게 느껴지고 위로가 된다.

▌서로 허물을 보일 수 있는 사이

저녁을 먹고 나면 허물없이 찾아가, 차 한 잔을 마시고 싶다고 말할 수 있는 친구가 있었으면 좋겠다. 입은 옷을 갈아입지 않고 김치 냄새가 좀 나더라도 흉보지 않을 친구가 우리 집 가까이에 있었으면 좋겠다. 비오는 오후나 눈 내리는 밤에 고무신을 끌고 찾아가도 좋을 친구, 밤늦도록 공허한 마음도 마음 놓고 볼 수 있고, 악의 없이 남의 이야기를 주고받고 나서도 말이 날까 걱정되지 않는 친구(유안진의 에세이 『지란지교를 꿈꾸며』 중)

우리에게는 허물을 보여도 괜찮다고 말해주는 친구가 필요하다. 많은 사람들이 나를 좋아해주지 않더라도, 날 이해해주고 따뜻한 시선으로 바라봐줄 수 있는 친구가 단 한 명이라도 있다면 얼마나 행복한 인생인가? 우리에게는 서로의 부족한 모습을 감추는 불편한 만남보다 서로가 자신의 속을 그대로 보일 수 있는 시원한 만남이 필요하다. 감정과 말을 숨겨 외롭고 쓸쓸한 만남보다 있는 그대로 털어놓으면서 따뜻해지고 든든해지는 만남 말이다. 그런 만남은 만남이라는 단어로 다 담아내지 못하는 축복일 것이다.

아주 짧은 순간만을 만났더라도 진정한 만남은 사람의 운명을 바꿔놓기도 한다. 나에게도 수많은 아름다운 만남이 있었음을 기억한다. 불안과 고통 속에서 방황하던 나를 위로해주고 성장하게 해준 사람들에게 진심으로 감사한다. 그 눈부신 따뜻함이 지금도 내 혈관을 따라 돌고 있다. 나도 그 사람들처럼 마음을 열어 누군가에게 빛이 되고 싶다. 우리는 종종 누군가에게 빛나는 사람이 되기도 한다. 그걸 알지 못하더라도 마음을 열고 만나는 순간 우리는 눈부시다.

타인과 잘 싸우며
친밀하게 살아가는 법

당신과의 갈등, 서로의 아픔을 보듬으면서 잘 지나가야 한다.
서로 크게 상처주지 않고 평화롭게 해결할 수 있기를 바란다.

우리는 살아가면서 끝없는 갈등과 투쟁 속에 있다. 태어나자
마자 부모나 형제와 부딪히며 크고 작은 일들로 화를 내고 싸운
다. 학교에 가면 친구나 선생님과의 불화가, 졸업 후에는 사회의
다양한 곳에서 누군가와 갈등이 생기는 일이 수도 없이 일어난
다. 싸우는 것을 원치 않아 피해 다녀도 어느 순간에는 도저히 피
할 수 없는 고통스런 순간과 직면해야 한다.

피할 수 없다면 잘 싸워야 한다. 싸우지 않는 부부보다는 잘
싸우는 부부의 관계가 더 좋다는 연구들이 있다. 친구 사이에서

도 갈등을 극복하면서 우정이 깊어진다는 것을 많은 사람들이 알고 있다. 싸우면서 서로에 대해 이해하고, 서로의 차이점과 개성을 인정하고 존중하게 되면서 더욱 친밀한 관계로 살아갈 수 있게 된다.

잘 싸우기 위해서는 우선 나 자신과 싸워야 한다. 표면적으로는 상대방과 싸우는 것 같지만 사실은 어린 시절부터 형성되어 온 나 자신과 마주하는 것이다. 과거의 고통이 영향을 미치고 있는 현재의 나와 마주해 응어리진 아픔들을 보살피고 치유해야 한다.

▌연인에게 집착하는 사람들

현지는 남자친구한테 전화가 늦게 오거나 문자를 보내고 바로 답문자가 오지 않으면 몹시 초조해진다. 혹시 다른 마음을 품고 있는 게 아닌지, 다른 여자와 만나고 있는 것은 아닌지 불안해져서 남자친구에게 짜증을 내고 화를 낸다. 남자친구 입장에서는 그런 현지의 행동을 이해할 수 없고, 시달리는 게 너무 피곤하고 짜증나서 연락하는 걸 피하게 된다. 여자는 쫓아가고, 남자는 도망가는 것이다.

수현은 남편의 의처증 때문에 매우 고통스런 삶을 살아왔다.

수시로 전화를 해서 어디에 있는지 확인하고, 집 밖에 나가지 못하게 한다. 연애 초기에는 '남편이 나를 너무 좋아하나 보다.' 하고 대수롭지 않게 생각했지만, 시간이 지나면서 옴짝달싹 못해 숨막히는 생활의 반복이었다. 더군다나 남편은 술을 먹고 들어오면 욕을 하고, 심지어는 폭력도 휘둘러 참다못한 그녀는 이혼하기로 마음먹었다.

현지와 수현 남편의 행동은 다른 것 같지만, 상대방을 괴롭힌다는 점에서 크게 다르지 않다. 그리고 그들의 내면을 살펴보면 버림받는 것에 대한 심한 공포가 있다. '나를 좋아하지 않을 거야. 나는 언젠가 버림받을지도 몰라.'라는 마음을 가지고 사람을 만나니 상대방의 행동이 의심스럽고, 의심을 하다 보면 점점 더 자신의 생각이 굳어지게 된다. 그러다 보니 상대방을 힘들게 만들어 반응이 좋지 않으면 '역시, 그럼 그렇지.' 하고 자신의 심증을 굳힌다. 상대방에게 버림받지 않고 사랑받고 싶지만 상대방을 못살게 굴어 결국 자신을 버리게 하는 행동을 하는, 참으로 비극적인 일이 일어나는 것이다.

의처증과 의부증 같은 극단적인 형태가 아닐지라도 우리는 연인과 만나면서도 우리 마음 안에 있는 자격지심과 싸우며 살아간다. 서로가 서로의 예민한 부분을 알게 모르게 건드리기도 하고, 자신 스스로 상처를 덧내기도 한다. 이를테면 외모 콤플렉스가 있는 사람은 상대방이 자신의 외모를 좋아하더라도 그걸 믿지 않는다. 자신을 사랑하지 않는 사람은 상대방이 아무리 자신을 괜찮다고 해도 좀처럼 믿지 않고, 스스로 학대하고 상대방을 괴롭힌다.

우리가 살아가면서 자신감이 줄어들고 위축될 때 상대방의 행동을 두고 나를 무시하거나 멸시한다고 쉽게 지각한다. '상대방은 악한 존재이며 나는 피해자'라는 이분법으로 몰아가는 경향이 있는 사람이라면, 당했다는 생각이 들면서 더 화가 나고 상대방에게 공격적인 행동을 하게 된다. 이럴 때는 상대방 입장에 서 보는 것이 도움이 된다. 내 말과 행동을 어떻게 느꼈을지 짐작해 보면 상대방이 겪었을 상처와 고통을 공감할 수 있고, 내가 갈등에 기여하는 부분을 인정하고 상대방과 소통을 하면서 대화할 수 있다.

█ 권위자와의 불화

학교에 가면 선생님이 있고 직장에 가면 상사가 있다. 이들 권위자와 어떻게 지내느냐가 사회생활을 잘하는 데 필수적인 부분이다. 동등한 관계보다 권위자와 갈등이 있을 때 더 많이 힘들어하는 사람들이 있다. 다른 사람들에 비해 화가 더 많이 나고 자주 부딪힌다. 이들이 화가 나는 이유를 들어보면 그럴만하다는 생각도 들지만, 한편으로는 그 화 때문에 여유가 없어져 관계가 악화되는 것이 안타깝기도 했다.

틱 낫한 스님은 자신의 저서 『화』에서 화가 나는 이유는 상대방 책임이 아니라고 했다. 세상 사람들이 각자 자신의 잘못이 있는데, 상대방 탓을 하고 복수를 하니 전쟁이 끊이지 않는다는 것이다. 화는 마음의 상처가 건드려져서 나는 것이기 때문에 그것을 먼저 돌보라고 했다. 상처가 아물면 여유가 생겨 상대방과 좋은 관계를 만들어갈 수 있다고 말이다.

나는 주변에서 한때 피해자였던 사람이 가해자가 되는 것을 종종 목격한다. 군대에서 고참의 괴롭힘에 시달렸던 후임병들은 자신이 고참이 되면 후임병들을 똑같은 방식으로 학대한다. 학교폭력의 피해자였던 아이들이 후에 다른 아이들에게 폭력을 휘두르는 가해자가 된 경우도 있었고, 동료로 있을 때는 괜찮았던 사람이 상사가 된 후에는 부하직원들을 가혹하게 대하는 경우도 보았다. 모두 상처를 제대로 돌보지 않았던 것이 문제였다.

승현은 직장생활에서 상사와 갈등이 심했고, 그것이 모두 상사의 문제라고 생각했다. 그러다 상담을 받으면서 강압적이었던 아버지와 따귀를 때렸던 학교 선생님이 떠올랐다. 그로 인해 겪은 상처에 대해 이야기를 하면서 충분히 슬퍼하고 고통을 위로하는 시간을 가졌다. 그리고 몇 주가 지나자 그는 전보다 상사를 마주할 때 화가 나는 정도가 줄고, 상사도 고통받는 존재라는 생각을 조금씩 하게 되었다고 한다.

우리는 권위자와의 관계뿐만 아니라 모든 '화'가 나는 상황에서 마음속 상처를 발견할 수 있고 돌볼 수 있다. 상처가 심한 만큼 화도 더 솟구치는데, 이때 상대방으로 인한 것과 내 자신의 경험에서 온 것을 분리하는 게 중요하다.

▌마음 다스리며 풀어가기

연인과의 갈등이든 권위자와의 갈등이든 싸우는 순간에 마음을 다스릴 수 있다면 좀더 잘 대처하고 지혜롭게 풀어나갈 수 있다. 여유가 생기면 갈등 상황에서 한 걸음 물러나 전체적인 상황을 잘 조망할 수 있게 되고, 유연하고 평화로운 방식으로 문제를 풀어갈 수 있다. 이렇게 하기 위해서는 다음의 두 가지를 하는 것이 도움이 된다. 첫째는 상대방과 갈등 속에서 건드려지는 마음의 상처를 돌보는 것이고, 둘째는 자신의 내면에 있는 힘과 접촉하는 것이다.

마음의 상처를 돌보는 방법은 여러 가지가 있다. 앞서 Part 1에서 서술했던 자신을 이해하고 수용하는 것이 상처를 많이 줄어들게 한다. 그리고 Part 4 '화를 제대로 다스리는 법'에 나온 상처를 돌보는 방법들이 도움이 될 것이다.

갈등 상황에서 내면의 힘과 접촉하는 것도 도움이 된다. 단순히 심호흡을 하는 것만으로도 마음에 여유가 생길 수 있다. 그리고 내가 그동안 살아오면서 잘 이겨내왔던 경험들을 돌이켜보면서 나를 괜찮은 사람이라고 인식하는 것이 도움이 된다. 상대방에 대한 연민의 감정을 가질 수 있다면 당신은 상대를 품을 수 있는 넓고 깊은 사람일 것이다. 이를테면 우리는 자신을 바다라고 상상하면서 상대 이야기를 들을 수 있다.

사람들마다 여유를 찾는 많은 노하우가 있다. 먼저 상대방에게서 오는 날카로운 느낌들을 축소시키는 방법들이 있다. 전화로 싸울 때 전화기를 좀더 멀리에 두고 듣는 이도 있고, 다른 생각을 하면서 고통을 줄이는 사람도 있다. 그리고 상대방을 희화화하는 방법도 있다. 어떤 이는 잔소리를 하는 상대방을 뻐끔거리는 물고기라고 상상한다. 또 어떤 이는 상사가 야단을 칠 때 그 사람이 아침에 집에서 나올 때 구박을 받고 나왔다고 생각하기도 한다.

▌타인과 싸우면서 함께 걸어가기

우리는 싸우면서 참으로 많은 것들을 배우고 경험할 수 있다. 우선 나와 상대방에 대한 이해가 늘어난다. 왜 그 사람이 그랬는지, 어떻게 해서 그렇게 되었는지, 상대방의 성격과 그가 처한 입장에 대해서 생각해보는 과정을 통해 타인에 대한 이해심이 깊어진다. 또한 나에 대해서도 깊이 이해할 수 있는 기회가 된다. 직장 상사와 싸우면서 떠오른 강한 분노감을 통해 그와 연결된, 과거에 아버지에게서 받은 상처를 발견하고 돌볼 수도 있게 된다.

둘째, 싸우는 과정에서 공감능력이 늘어난다. 흔히 "입장 바꿔 생각해봐."라는 말을 많이 하는데, 상대방 입장에 서서 생각해보면 내 말과 행동에 상대방이 어떻게 느끼고 생각할지 알 수 있게 된다. 그리고 직접적으로 상대방이 내게 무엇 때문에 힘든지도 이야기해주니 더 쉽게 배울 수 있는 기회가 된다.

셋째, 싸우면서 정든다. 싸우다 보면 상대방에 대해 측은한 마음이 들기도 하고, 상대방이 나를 이해해주거나 배려해주면 고맙기도 하다. 뭔가 강렬하게 에너지가 오가면서 재밌고 시원한 부분도 있다. 친구나 연인과 싸우고 난 다음에 관계가 더욱 끈끈해지고, 우정과 애정이 샘솟았다고 말하는 사람들이 많다.

갈등 속에서 우리가 서로 파괴적인 행동만 하지 않는다면 해결되지 않은 채 남아 있는 나의 상처도 발견할 수 있고, 상대방이 겪는 고통도 보살펴줄 수 있다. 서로의 상처를 발견하고 감싸 안으면서 더욱더 친밀한 관계로 발전할 수 있게 된다. 나를 포함해 이 과정을 겪는 모든 이들이 평화롭게 대화해 덜 아프고 치유되는 경험이 되기를 바란다.

우리는 싸우면서 참으로 많은 것들을 배우고 경험할 수 있다.
우선 나와 상대방에 대한 이해가 늘어난다.
왜 그 사람이 그랬는지, 어떻게 해서 그렇게 되었는지,
상대방의 성격과 그가 처한 입장에 대해서 생각해보는 과정을 통해
타인에 대한 이해심이 깊어진다.
또한 나에 대해서도 깊이 이해할 수 있는 기회가 된다.

관계의 평등성을 지향하는
공놀이 대화법

내 생각을 적절히 표현한 후에는 상대방의 반응을 기다려라.
상대방이 잘 알고 있거나 잘할 수 있다는 사실을 믿는 것이다.

공놀이 대화법은 이순일 심리상담센터를 운영하고 있는 이순일 선생님에게 배운 것이다. 그녀는 오랫동안 자아성장 및 대인관계 그룹상담을 꾸준히 진행하면서 사람들이 의사소통을 잘할 수 있도록 도와왔다. 그 방법 중 하나가 공놀이 대화인데, 대화를 할 때 즐거운 대화가 되려면 공을 주고받는 요령으로 하라는 것이다.

여럿이 함께 공놀이를 한다고 생각해보자. 공을 던지고 받을 때 여러 가지 일들이 일어난다. 너무 길게 던지면 상대방이 받을 수 없는 뒤쪽으로 공이 멀리 날아간다(이야기가 핵심 없이 길고 장황한 경우). 너무 짧게 던져도 상대방이 잡을 수 없다(너무 설명이 없거나 적어서 내용 전달이 되지 않는 경우). 서로 공을 주고받아야 지루하지 않고 재미있는 공놀이가 된다. 정확하게 던지더라도 공을 너무 세게 던지거나 빠르게 던지면 받기 어려울 수 있다. 수동적으로 공이 오기를 기다리는 사람도 있고, 능동적으로 공을 달라고 외치는 사람도 있다.

공놀이를 좀더 재미있게 하려면 우선 공이 여러 사람에게 적절한 속도로 오고가야 한다. 그러기에 적절하게 서로 주고받는 기술이 필요하다. 대화도 이 공놀이와 다르지 않다. 특별히 재미있는 내용으로 대화하지 않더라도 주고받는 방식이 공놀이와 같다면, 그 자체로 재미가 있을 것이다.

▌ 서로의 마음을 주고받는 탁구 대화법

탁구나 배드민턴, 테니스 같은 운동들의 묘미는 공이 빠르게 오고 간다는 것이다. 한 사람이 너무 오래 독점하지 않고, 공이 순간순간 네트 이쪽저쪽을 오가는 모습에 관중들은 눈을 떼기 어렵다. 대화도 이렇게 상호작용이 빈번한 방식으로 할 수 있다. 경기에서는 상대방이 받지 못하게 강한 공격을 하기도 하지만 두 사람이 함께 주고받는 재미를 위해 상대방이 받기 쉽게 공을 치는 경우도 있다. 후자 쪽의 방식으로 대화하는 것을 설명해보겠다.

탁구공을 칠 때 너무 살살 치면 네트를 넘어가지 못한다. 대화할 때 너무 작은 목소리로 이야기하거나 너무 짧게 이야기하는 경우가 이에 해당한다. 내가 만난 한 미국인 친구는 목소리가 매우 작았다. 난 가뜩이나 짧은 영어 실력 때문에 알아듣기가 힘들었는데 목소리를 작게 말하는 이유가 있냐고 물어보니, 어렸을 때 목소리를 크게 내면 엄마가 혼을 냈다는 것이다.

너무 짧게 이야기하는 경우는 단답형으로 대답하는 경우다. "놀이공원에 가서 어땠어?"라고 물어볼 때 "재미있게 놀았어."라고 너무 짧게 대답한다면, 상대방은 당신에게서 느낄 수 있는 게 별로 없다. 또 많은 이들이 어떻게 지냈냐고 물어보면 "평상시랑 다를 바 없었어. 그저 그랬어."라고 짧게 대답하는데, 사실 난 그들의 일상을 모르기 때문에 머릿속에는 하얀 백지만 떠오른다. 그래서 이 경우는 경험한 것을 좀더 이야기해보는 게 필요할 것이다.

공을 너무 세게 치면 탁구대 바깥으로 넘어가서 상대방 뒤쪽으로 날아가 버리고 만다. 마찬가지로 상대방이 받아들일 수 있는 것보다 큰 목소리로 이야기하면 귀가 아프고 불편해진다. 그러나 말하는 사람은 이 사실을 잘 모른다. 주변에 누군가가 이야기해줘야 한다. 어떤 사람은 목소리를 크게 낸 이유가 상대방에게 전달이 되지 않는 것 같은 느낌 때문이었는데, 과거에 누군가가 자신의 이야기를 잘 들어주지 않아서 목소리를 높여야 했던 경험이 있었다.

빠른 속도로 말하는 경우에는 듣는 사람이 숨찰 것이다. 나는 내가 따라갈 수 있는 것보다 빠른 속도로 말하는 사람과 있으면 초조해지고 숨이 차는 것을 느낀다. 그들에게 빨리 말하는 이유를 들어보면, 불안해서 그런 경우와 그저 습관적으로 하는 경우가 있다. 불안해서 빨리 말하는 경우는 내가 하는 이야기가 두서없을 것 같고, 사람들이 말을 제대로 못하는 나를 안 좋게 볼 것 같은 두려움들이 배경으로 자리 잡고 있다. 어떤 경우든 한 호흡으로 많은 이야기를 하면 숨이 차기 마련이다. 그 결과 목소리가 떨리거나 심장이 빨리 뛰는 것과 같은 결과를 낳을 수도 있다. 이럴 때는 중간중간 숨을 충분히 쉬면서 이야기하는 것이 도움이 될 것이다.

마지막으로 혼자서 공을 튕기다가 상대방에게 한참 뒤에 보내는 경우가 있다. 실제로 탁구를 칠 때는 그런 경우가 없지만 대화 중에는 그런 일들이 많이 일어난다. 상대방을 쳐다보지도 않고 혼자만의 생각에 빠져 한참 동안 이야기를 하는 경우, 듣는 사람은 그 긴 이야기를 다 기억하기도 어렵고, 혼자 지루하게 있어야 하기 때문에 경청하기 힘들 수 있다. 넋두리가 대표적인 예일 것이다.

또 설명을 길게 하는 것도 이에 해당한다. 상대방은 충분히 알아들었는데 너무 부연설명이 많으면 듣는 사람이 답답하고 짜증날 수 있다. 설명이 긴 경우는 대개 불안해서 그럴 때가 많다. 설명을 왜 그렇게 많이 하냐고 물어보면 상대방이 내 이야기를 이해하거나 공감하지 못한다고 느끼기 때문에 불안해서 그러는 것 같다고 한다. 이럴 때는 상대방에게 길게 설명하는 것보다 조금 이야기하고 내 말을 이해했는지, 공감이 되는지 직접 물어보는 게 낫다.

▌축구나 농구 하듯이 강의하기

학교에서 선생님들은 조는 아이들을 야단치거나 벌점을 매긴다. 나는 이것이 매우 안 좋은 방법이라고 생각한다. 벌점을 매기는 순간 선생님은 나쁜 사람이 되고, 학생들은 불성실한 학생으로 낙인찍힌다.

수업이 지루하게 느껴지는 것은 개인의 문제도 있겠지만 교육 시스템이나 방식도 중요하다고 생각한다. 대부분의 학교에서는 선생님들이 일방적으로 설명하고, 학생들은 가만히 앉아서 들어야 하는 일이 많다. 상호작용이 극히 적은 이런 방식은 마치 축구나 농구를 할 때 선수 한 두 명만 왔다 갔다 하고, 나머지는 가만히 서 있는 것과 비슷하다.

요즘 새로운 교육방식을 실험하는 학교에서는 학생들의 상호작용을 촉진시키기 위한 방법들을 사용한다. 선생님의 설명은 가급적 줄이고, 학생들 스스로 발표하고 질문하거나 함께 토론하는 시간을 늘리는 방식이다. 학생들은 수동적인 청중에서 벗어나 수업의 주인공이 된다. 능동적으로 사고하며 말하는 시간이 늘어나니 수업시간 중에 조는 시간이 줄어들고 재미를 느끼는 시간이 늘어난다.

이를테면 '정치와 민주주의'라는 주제로 수업을 한다고 해보자. 먼저 주제에 대해 청중들이 관심이 있는지 물어볼 수 있다. 관심 있는 사람이 있다면 왜 관심이 있는지, 없으면 왜 없는지 물어볼 수 있다. 그리고 발표한 사람 의견에 공감하는 사람이 있는지 물어보고 어떤 점에서 공감이 되냐고 질문할 수 있다. 반대로 관심이 없다면 왜 관심이 없는지 물어볼 수 있고, 거기에 공감하는 사람들의 이야기도 들어볼 수 있다. 그후 발언한 내용들을 정리해 강의 내용과 연결지어 설명할 수 있다. 또 어느 정도 진행하다가 다시 청중들이 서로 대화하거나 토론하도록 유도하면 강의에 대한 주인의식과 능동성이 살아나게 된다.

이럴 때 다음과 같은 질문들이 도움이 된다. A라는 청중이 한 말에 대해서 다른 청중들에게 이렇게 질문할 수 있다.

"방금 들은 말에 대해서 어떻게 느껴지세요?"

"방금 발언에 대해서 어떤 생각이 드시나요?"

"이분 말씀에 공감이 되시는 분이 있으신가요?"

"비슷한 경험을 한 분이 있으신가요?"

이렇게 상호작용을 촉진하는 질문을 하다 보면 한 사람이 가르치는 방식에서 벗어나 서로가 서로를 가르치는 과정으로 바뀌어나간다. 또한 서로가 생각과 감정을 주고받는 가운데 서로에 대한 이해와 공감대가 형성되면서 유대감이 깊어진다.

▌평등한 관계로 나아가는 대화

우리들은 대화를 할 때 손쉽게 무언가를 상대방에게 가르치려고 할 때가 많다. 순수하게 뭔가를 알려주거나 나누려고 할 때도 있지만, 의도적이지 않더라도 상대방이 나보다 열등하거나 부족하다는 전제가 깔려 있을 때가 있다. '내가 알고 있는 것을 너도 알아라.' 하는 식으로, 일방적인 대화에서 그런 현상이 더 두드러지게 나타난다. 반면에 공놀이 대화는 기회를 평등하게 나누어 가짐으로써 가르치는 것과 배우는 것이 함께 어우러지게 된다.

일상적인 만남이나 강의, 상담 등 대화를 하는 모든 상황에서 이런 평등한 대화를 실천할 수 있다. 내 생각과 감정을 적절하게 표현하고, 그다음에 상대방이 할 말을 기다리는 태도는 상대방이 잘 알고 있거나 잘할 수 있다는 것을 믿는 것이다. 나는 상담을 하면서 좀더 여유롭게 내담자 말을 기다렸을 때 그들이 스스로 잘 표현하고 제 갈 길을 잘 찾아낸다는 것을 깨닫게 되었다.

개인들이 이렇게 평등한 방식의 대화를 실천하다 보면 그 과정에서 서로의 마음이 잘 전달되고 이어지게 된다. 서로에 대한 이해와 공감이 늘어나면서 자연스럽게 갈등이나 불협화음이 줄어든다. 개인 간 대화뿐만 아니라 단체나 조직에서 이 방법이 적용된다면, 단기적으로는 시간이 더 필요할지라도 장기적으로는 의사소통이 잘 이루어지는 유연하고 건강한 구조가 이루어질 것이다.

PART 3

주변 환경을
제대로 바라보기

나는 고개를 들어
세상을 바라보고 있는 걸까?

나는 어릴 적에 땅을 많이 보고 걸었다. 앞쪽이나 주변에 있는 것들을 잘 살펴보지 않았고, 위에 있는 하늘도 잘 보지 않으며 살았다. 주변에 뭐가 있는지도 잘 모른 채 빠른 걸음으로 앞만 보며 걸을 때가 있었다. 주변에는 실로 많은 것들이 존재하고 있었지만 그것을 제대로 접촉하며 살지 못했다.

또 나는 대화를 할 때도 그와 비슷했다. 상대방의 표정이나 기분을 살피기보다 내 생각에만 빠져서 이야기할 때가 많았고, 그러고 나면 공허한 느낌이 들었다. 상대방과 만났지만 그 사람과 대화한 게 아니라 혼자 떠든 것 같았다.

그러다가 어느 날인가부터 나는 고개를 들어 세상을 바라보기 시작했다. 머리 위쪽에 존재하는 것들, 하늘빛이나 구름이 다르게 변해가는 것을 볼 수 있었다. 그리고 주변에 존재하는 풍경들도 바라보기 시작했다. 매일 같은 길을 걷더라도 나무의 모습이 달라지고 가게에 진열되어 있는 상품들도 달라진다는 것을 알게 되었다.

그렇게 나는 내 주변환경에 존재하는 것들을 잘 살피고 발견하게 되면서 곁에 있는 사람들도 잘 볼 수 있게 되었다. 상대방이 짓는 표정이나 말 속에 담긴 느낌도 더 잘 알아차리게 되었고, 더 폭넓고 깊이 있게 타인과 교류할 수 있게 되었다. 그리고 더 나아가 사람들이 살고 있는 삶의 자리나 모습에 대해서도 생각해보게 되었다.

이렇게 고개를 들어 세상을 바라보게 되면 자연환경과 인간환경에 대해 잘 알아차릴 수 있게 된다. 사람은 환경과의 상호작용 속에서 그 존재 의미가 드러난다. 다른 곳이 아닌 대한민국에서, 그리고 다른 가정이 아닌 내 가정에서 나의 삶이 영향을 받는다. 따라서 대인관계를 잘하기 위해서는 상대방과 관계를 잘 맺는 것뿐만 아니라, 우리가 속한 전체 환경의 구조와 맥락을 이해하는 것이 필요하다.

이를 위해 Part 3에서는 자연환경을 제대로 바라보는 것에서 출발해 나와 만나고 있는 상대방을 잘 바라보고, 나아가 우리가 속한 공동체 속에서 우리의 관계가 어떻게 영향을 받는지를 서술했다. 그리고 보다 안전한 환경을 만들어나가기 위해 사람들이 어떤 활동을 하고 있는지도 간단히 소개했다.

책의 구성상 환경과의 관계 맺기를 3번째에 두었지만, 순서대로 이것을 먼저 하고 저것을 나중에 할 필요는 없다. 어느 날에는 나를 좀더 살피고, 다른 날에는 환경과의 관계 맺기를 좀더 잘 해보는 식으로, 어디에서 시작해도 괜찮다. 한 곳에서 경험한 좋은 것들이 다른 부분에 영향을 주면서 함께 발전할 것이다.

천천히 걷는
당신이 만난 세상

누군가에게 화가 났을 때 바로 이야기하지 말고 걷기명상을 하자.
천천히 걸으면 마음이 다스려지고 지혜롭게 이야기할 수 있다.

장벽은 어떤 것도 허용하지 않기 때문에 새로운 지각이 생길 때
까지는 그것은 스스로 원하는 형태에 머물고 맙니다. 그러므로
우리들 대부분은 일생 동안을 우리가 보고 싶은 것만을 보고, 듣
고 싶은 것만을 듣고, 냄새 맡고 싶은 것만을 냄새 맡게 됩니다.
모든 것이 존재하고 있습니다. 우리가 모든 것을 알기 위해서는
그것들을 용납하고, 그것들을 만져보고, 맛을 보고, 씹어도 보고,
끌어안기도 해, 그것들을 우리 위주가 아니라 있는 그대로 경험
해야 합니다. (레오 버스카글리아의 『살며 사랑하며 배우며』 중)

우리는 주어진 환경 속에서 보던 대로 보고, 듣던 대로 듣는다. 항상 새로운 자극이나 정보에 열려 있다면 그것을 다 감당하기 어렵기 때문에 사람들은 저마다의 한계 속에서 받아들일 수 있을 만큼만 경험한다. 내게 찾아온 많은 내담자들은 스트레스를 덜 받기 위해 신체를 긴장시켜 외부자극이나 내부자극(감정)을 잘 못느끼는 무감각한 상태를 유지하고 있었다. 몸의 통증이 처리할 수 없는 감정을 느끼는 것보다 나은 것이다.

그러나 성장하면서 고통을 이겨낼 수 있는 힘이 생기게 되면 이런 대처체계가 방해가 되기도 한다. 습관적으로 사물과 사람을 경험하기 때문에 자연이나 사람에게서 오는 좋은 자양분을 흡수하기 어렵고 행복한 감정도 느끼기 어렵다.

그러다 우리가 어떤 계기로 지금까지와는 다르게 살아보기 위해 평소와는 다른 새로운 눈으로 나와 나를 둘러싼 환경을 새롭게 바라볼 때가 있다. 환경을 새롭게 발견하는 것을 통해 우리는 어떤 경험을 할 수 있을까?

▌ 자연에서 온 것들을 새롭게 경험한다

민호는 평소에 나무나 꽃들을 봐도 좋다는 느낌은 있지만, 특별한 감흥을 느끼지는 못했다. 때로는 음악을 들어도 시끄럽게 느껴지고, 그 속에서 느낄 수 있는 감흥도 잘 느끼지 못했다. 그런 그가 틱 낫한 스님이 계신 곳으로 유명한 프랑스의 플럼 빌리지에 가게 되었다.

그곳에서 그는 하루에 여러 차례 명상을 하게 되었는데, 밥을 먹는 것부터 명상이었다. 평소와는 다르게 침묵 속에서 아주 천천히 먹어야 했는데, 떠오르는 모든 느낌들을 잘 느끼면서 먹어 보라는 지시를 받았다. 수저를 잡을 때의 느낌, 들어 올릴 때의 느낌, 음식을 입에 집어넣을 때의 느낌, 입에 넣고 씹을 때의 느낌 등을 천천히 알아차리면서 먹었다. 답답하기도 했지만, 그렇게 천천히 먹으니 전에 느끼지 못했던 음식의 다양한 맛들을 느낄 수 있게 되었다.

그리고 산책을 할 때도 충분히 숨을 쉬며 천천히 걸으니 전에 보지 못했던 풍경들을 보게 되었다고 한다. 나뭇잎이 모두 같은 색이 아니라는 것도 알게 되었고, 땅을 밟을 때의 느낌도 매 순간 새로움을 느꼈다. 한국으로 돌아온 후에도 일상에서 경험하는 많은 것들이 더 생생하게 느껴진다고 한다.

원철은 걸을 때 땅을 보고 걸었다. 그러던 어느 날 친구가 "넌 땅만 보고 걷냐?"라는 이야기에 정면이나 위쪽도 보기 시작했다. 그렇게 시선의 방향을 여러 곳으로 바꾸니 전에는 보이지 않던 많은 것들을 보게 되었다고 한다. 매일 모양이 바뀌는 하늘의 구름, 거리의 간판이나 지나가는 사람들의 갖가지 흥미로운 표정들

이제 우리는 앞으로 일어날 일이 무엇인지는 모르지만
그것을 허용하고 기다릴 수 있다. 호기심 어린 눈으로 다가오는 것들을 신뢰하며,
그것이 무엇이든 새롭게 바라본다.
하늘, 구름, 바람, 햇볕, 지나가는 사람들과 내 삶으로 걸어들어온 사람들을
지금 여기에서 존재하는 그대로 만남을 시작한다.

을 볼 수 있게 되었다고 한다. 전에는 사람들이 오가는 거리가 변함이 없어 지루하기만 했는데 그 후로는 거리를 걷는 일에 재미를 느끼게 되었다. 그는 나중에 이런 관찰 경험이 글을 쓰는 데 많은 도움이 되었다고 한다.

이들처럼 천천히 뭔가를 하고 사물을 새로운 시선으로 바라보게 되면 전에 느끼지 못하는 것들을 느낄 수 있다. 내 몸에서 느껴지는 감각도 잘 느껴지고, 환경에서 오관으로 들어오는 다양한 감각도 더 잘 느끼게 된다. 이것은 천천히 움직일 때 숨이 더 충분히 쉬어지고 몸도 잘 이완되기 때문이다. 이완된 상태에서는 감각활동이 더 활발하게 일어나 시야가 넓어지고, 소리나 냄새도 더 잘 알아차리게 된다.

▍ 다른 사람들이 어떻게 있는지 바라본다

민영은 버스나 전철을 탈 때 심하게 긴장을 한다. 사람들이 자신을 보며 안 좋게 볼 것 같다는 느낌 때문에 긴장을 해서 상담소에 올 때는 기진맥진한 상태로 오고는 했다. 그래서 나는 그녀에게 사람들을 관찰해보라는 과제를 내주었다. 그리고 일주일 후 민영은 사람들이 다들 피곤해서 자신을 쳐다보는 사람이 거의 없다는 것을 발견했다고 이야기했다.

선희는 그룹상담에서 눈을 아래로 내리깔고는 자신이 지난 시절 친구 없이 혼자 다녔던 이야기를 했다. 이야기하고 나서 기분이 어떤지 물어보니 그녀는 그룹원들이 자신을 못난 사람으로 볼 것 같아 불안하다고 했다.

나: 고개를 들어 주위를 둘러보시겠어요? 누가 그렇게 볼 것 같으세요? (선희는 민망해하고 사람들은 웃는다)

선희: 이렇게 직접 보니까 사람들이 나를 안 좋게 보지는 않는 것 같아요.

나: 어떻게 그걸 아세요? 혹시 선희 씨를 좋지 않게 보는 사람도 있지 않을까요?

선희: 아니에요. 사람들의 시선이 따뜻하다는 게 느껴져요.

또 나는 선희가 고개를 숙이며 이야기하느라고 그녀가 보지 못했던 것을 봤다. 그녀의 이야기를 들으며 다른 집단원들 두 명이 고개를 끄덕이고 있었던 것이다. 그래서 나는 선희에게 다른 사람들이 왜 고개를 끄덕거렸는지 궁금하지 않냐고 물었고, 그녀는 그 두 명에게 어떤 마음이었는지 물었다.

그러자 놀라운 일이 일어났다. 두 사람은 선희와 거의 비슷한 경험을 했던 것이다. 그들은 서로 힘들었던 과거를 이야기하면서 눈물을 흘렸고, 그렇게 나 혼자만의 세상이 함께하는 세상으로 확대되었다.

이렇게 주변 사람들이 어떻게 있는지 잘 살펴보는 것이 중요하다. 남들 앞에서 발표를 할 때도 다들 나를 안 좋게 판단할 것처럼 느껴진다. 하지만 한 사람 한 사람을 호기심 있게 바라보면 웃어주며 부드럽게 바라보는 사람, 몹시 피곤해 보이는 사람, 내게는 관심이 없고 다른 생각을 하는 사람 등 실로 여러 모습들을 볼 수 있다. 그 중에 당신이 어떤 곳에 관심을 둘지 선택해볼 수도 있다.

어떤 이는 발표할 때 자신에게 호의적인 것 같은 느낌을 주는 사람만을 보고 말하면 마음이 편안하다고 한다. 일단 눈을 들어 주변을 호기심 있게 본다면 그것이 가능하다.

▌숨을 쉬면 사람이 다르게 느껴진다

나는 전에 다녔던 직장에서 상사가 지적을 할 때 마음이 몹시 불안정해지면서 반박하거나 변명하려고 하는 마음이 강하게 드는 것을 발견했다. 그때 마음을 살펴보면서 내가 상대방을 위협적으로 지각하고 있다는 것을 알아차렸다. 그래서 좀더 숨을 충분히 쉬면서 상사의 이야기를 들으니 두려움이 가시고 마음이 편안해지는 것을 느꼈다. 이후에는 불편한 상황에서 숨을 쉬는 것을 매우 중요하게 생각하게 되었다.

틱 낫한 스님의 저서 『화』에서도 비슷한 이야기를 한다. 틱 낫한 스님은 누군가에게 화가 났을 때 바로 이야기하지 말고 걷기 명상을 해보라고 권한다. 천천히 걷다 보면 마음이 다스려지고 좀더 지혜롭게 이야기할 수 있게 된다는 것이다.

숨을 쉬면 상대방 마음을 더 잘 보게 된다. 상대방이 내게 화를 낼 때 깊이 숨을 쉬고 바라보고 있노라면 상대방과 나 사이의 거리가 벌어지고, 왜 그렇게 화가 났을지에 대해 생각해볼 여유도 갖게 된다. 어째서 화가 났는지 알 수도 있고, 화난 심정에 대해 더 잘 이해하고 공감할 수 있게 된다. 상대방이 나를 위협하는 거대한 존재가 아닌, 그 자신이 고통스러워 소리를 지르는 사람으로도 볼 수 있게 된다.

또 숨을 충분히 쉬는 것은 내 몸에 각인된 고통을 풀어내는 역할도 한다. 심리적 외상 치료에서 필수적으로 들어가는 것이 있다. 고통스런 기억을 이야기하고 난 이후에 심호흡을 하도록 하는 것인데, 심호흡을 하면 신체 긴장이 풀어지고, 신체에 각인된 심리적 고통도 함께 풀어지는 효과가 있다.

관계에서 화가 나거나 무서워지는 것은 현재에서 비롯된 일일 수도 있지만, 많은 경우 과거에 겪은 고통이 배경이 되어 나타나기도 한다. 하지만 숨을 충분히 쉬면 고통이 완화되고 안정감을 느낄 수 있다. 아기들은 부모의 숨소리를 들으면서 안정감을 느끼고, 성인들은 자기 자신의 숨을 느끼면서 안정감을 느낀다. 안정감을 느끼면 외부의 자극들을 덜 위협적으로 느끼게 된다.

▌열린 만큼 쏟아지는 햇볕

환경에 존재하는 것들을 있는 그대로 보는 연습을 하다 보면 사물과 사람에 대해 고정관념이 줄어들고, 그때그때 나타나고 변화하는 것들을 잘 알아차릴 수 있게 된다. 창문을 열어 놓으면 햇볕과 신선한 공기가 들어오듯이 우리 마음에도 따사로움과 신선함이 가득 차게 된다. 전에도 존재하던 것들이지만 마음을 열고 나서야 있는 것을 느낄 수 있게 된다. 일상이 매일 비슷하게 돌아가더라도 그 안에서 일어나는 수많은 변화를 경험하고 풍요롭게 느끼는 것이다.

하늘의 구름도 날마다 다르듯 사람도 그러하다. 겨울날도 매일 다른 느낌이듯 연인과 이별하고 난 후의 시간들도 항상 아프거나 우울하지만은 않다. 비가 와서 진흙탕이 된 웅덩이도 시간이 지나면 다시 맑아지듯 우리 마음의 고통들도 영원하지 않다. 모든 것이 변화하면서 모습을 달리해간다. 그래서 불가에서는 "인생무상(人生無常)"이라고 일찍이 말하지 않았던가? 여기서 '무상'은 부정적인 뜻의 '허무하다'가 아니라 만물이 계속 변화해간다는 뜻이다.

이제 우리는 앞으로 일어날 일이 무엇인지는 모르지만 그것을 허용하고 기다릴 수 있다. 호기심 어린 눈으로 다가오는 것들을 신뢰하며, 그것이 무엇이든 새롭게 바라본다. 하늘, 구름, 바람, 햇볕, 지나가는 사람들과 내 삶으로 걸어들어온 사람들을 지금 여기에서 존재하는 그대로 만남을 시작한다.

부모가 서 있는
자리를 이해하기

어른이 된다는 것은 나와 내 주변을 바르게 보는 것에서 출발한다.
부모, 형제, 친구들이 서 있는 자리를 이해하는 과정이 필요하다.

좋은 부모를 만나 안정적인 가정 환경 속에서 평범하게 자라는 것, 많은 사람들의 마음에 있는 환타지 중에 하나다. 많은 사람들이 다른 집은 평범하게 잘사는 것 같은데 우리 집은 왜 이 모양일까를 생각하며 우울해한다. 어떤 이는 돈이 많은 집을 보면서 남부러울 게 없을 것 같다고 생각하고, 어떤 이는 부부관계에 대해서, 어떤 이는 자식이나 사회적 지위를 보면서 부러워한다. 그런데 흥미로운 사실은 이들이 서로를 부러워한다는 것이다.

안타깝게도 나는 '온전한 가정'을 본 적이 없다. 내가 상담가라서 힘든 사람을 많이 봐왔기 때문이겠지만 내 주변을 둘러봐도 마찬가지다. 겉으로 볼 때는 유복해 보이고 별 어려움이 없을 것 같은 사람들도, 친해지고 속사정을 자세히 알게 되면 온갖 사연들이 많다. 다만 아주 친한 관계에서조차 사람들은 자신의 이야기를 약점이라고 생각해 드러내지 않기 때문에 나만 못사는 것처럼 생각하기 쉬울 뿐이다.

어른이 된다는 것은 이런 환상에서 벗어나 현실을 있는 그대로 인정하고 나와 내 주변을 바르게 보는 것에서 출발한다. 부모라는 사람이 서 있는 자리, 내 형제와 친구들이 서 있는 자리를 이해하는 과정 속에서 우리는 과거의 고통에서 벗어나 현재를 발딛고 살아갈 수 있다.

▌부모는 날 정말 사랑했을까

경호는 자수성가한 사람이다. 그는 평생 일밖에는 몰랐고, 자신이 일을 열심히 해서 돈을 많이 벌어다 주는 것이 가족에게 최선이라고 생각하며 살았다. 하지만 파김치가 되어 집에 들어가면 아내는 경호가 가정적이지 않다며 불만이 많았고, 자식들은 이런저런 문제를 일으켜 속상할 때가 많았다. 그의 딸은 그의 매질에 매우 가출이 잦았다. 그에게 이유를 들어보니 자신이 어렸을 때

아주 어렵게 자라서 행여나 딸이 안 좋은 길로 빠질까 봐 두려워 손찌검을 했다고 한다. 때로는 감정에 치우쳐 손찌검을 할 때도 있었는데 돌아서면 너무 속상해 몰래 울었다고 한다. 그는 엉엉 울면서 자신이 얼마나 아이들을 사랑하는지에 대해 이야기했는데, 가슴이 참 아팠다. 자식에게 사랑하는 마음을 올바로 전하지 못해 미움받고 원망받는 그가 안쓰러웠다.

별이는 가슴 한구석이 텅 빈 것 같은 느낌 때문에 고통스러워한다. 이유를 들어보니 엄마가 자신을 사랑하지 않는 것 같아 너무 원망스럽다고 한다. 그녀에게 엄마와 함께 상담소에 오라고 해서 가족상담을 진행했다. 나는 별이에게 엄마에게 하고 싶은 말을 해보라고 했다. 별이는 용기를 내어 어렸을 때 엄마가 자신에게 관심을 가져주지 않아 너무 힘들었고, 지금도 엄마가 날 사랑하지 않는 것 같아 괴롭다고 했다. 그 말에 별이의 엄마는 미안해하며 그때는 사는 게 너무 바빠 잘 보살피지 못했다고 말했다.

나는 두 사람의 이야기를 들으며 별이가 기억하지 못하는 엄마의 사랑에 대해 알면 도움이 되겠다는 생각이 들어 어린 시절부터 별이를 어떻게 돌봐왔는지 질문했다. 그러자 별이가 심하게 아파 병원에 데려가서 발을 동동 굴렀던 이야기, 엄마에게 떨어지지 않으려고 해서 항상 업고 다녔던 이야기들이 나왔다. 또 아빠가 술과 노름으로 집안의 돈을 탕진하면서 어떻게든 살아보고자 발버둥쳤던 이야기들이 나왔다.

경호와 별이의 이야기에서처럼 많은 부모들은 험한 세월을 살아왔다. 하루하루 살아가는 것이 전쟁인 삶 속에서 자신들도 상처가 많았고, 자식들을 그저 하루 세끼 밥 해먹이는 일만도 버거운 날들이었다. 그들의 입장에서는 자신들은 부모들에게 더 심하게 맞고 자랐고, 그것이 사랑의 매라고 생각했기 때문에 아이들에게 손을 대는 일을 그렇게 심각하게 생각하지 못한 것이다. 또 자신들이 돌봄을 받으며 자라지 못했기 때문에 아이들에게 그저 밥을 먹이고 용돈을 주는 일 이외에 관심을 갖거나 대화를 하는 일들을 버거워한 것이다.

물론 나는 부모들의 학대나 폭력에 대해 옹호하려고 하는 것은 아니다. 다만 그들도 완전치 못한 인간으로 어떤 고통을 겪고 있는지를 들여다보고, 그럼으로써 부모가 나를 싫어해서 그렇게 한 게 아니라 그들도 어쩔 수 없는 부분이 있었다는 것을 이해해보려고 하는 것이다.

▌나도 부모와 같이 행동하고 있구나

미영은 결혼을 하고 아이를 낳으면서 엄마라는 존재를 다시 발견하게 되었다. 경제적으로 빠듯한 상황에서 살림을 하며 아이 키우는 일은 전쟁이었다. 집안일은 해도 해도 끝이 없었고, 아이가 계속 보채거나 울면 짜증이 치밀어올라 때로는 아이가 원수같이 느껴진 때도 많다고 했다. 아이가 심하게 떼를 쓰면 너무 화가 나서 아이를 때리는 일이 종종 있었는데, 그런 자신의 모습에 괴로워했다. 아빠에게 맞으며 자라서 자신은 그러지 말자고 다짐했는데, 화가 나면 참지 못하고 욱하게 되니 그런 자신의 모습이 괴로운 것이다. 그래서 한편으로 미영은 부모가 자신을 때리던 것을 비로소 이해하게 되었다고 한다. 그러면서 부모들이 얼마나 힘든 상황에 있었을까를 생각해보게 되었다.

상민의 아버지는 말이 거의 없는 사람이었다. 밥은 먹었느냐, 공부는 잘 되느냐라는 말을 제외하고는 다른 말을 하는 것을 거의 들어본 적이 없다. 다만 술만 먹으면 자신을 앞에 앉혀놓고 온갖 하소연과 넋두리를 늘어놓았는데, 상민은 그런 상황이 끔찍하게 싫었다.

그러다 그는 대학을 가서 술을 배우게 되었는데, 자신도 술을 먹으면 온갖 주정을 부리고 있는 것을 발견했다. 자신이 그렇게 싫어했던 아버지의 모습을 닮아간다는 생각 때문에 그는 너무 괴로워했다. 처음에는 왜 싫어하는 모습을 닮아가는지 이해를 하지 못했다. 그러다가 알게 되었다. 마음이 힘들 때 풀지 않고 꾹꾹 참아버릇하다 보니 술을 먹게 되고, 술을 먹으면 참아왔던 것이 터지면서 술주정을 부리게 된다는 것을 말이다. 아버지의 술버릇이 유전된 것이 아니라 힘들 때 표현하지 않고 참아버릇한

성장하면서 우리는 수많은 잘못을 저지른다.
어린 시절에는 결코 용납할 수 없던 행동들을 어른이 되어 저지르는 것을 보면서,
한편으로는 내가 세상에 찌들어가고 물들어간다는 생각에
마음이 어두워지기도 한다.
하지만 또 다른 한편으로는 다른 사람들의 잘못에 좀더 관대해지게 된다.
부모들과 비슷한 잘못을 저지르는 나를 보면서
부모들을 좀더 이해하고 연민의 감정을 가지게 된다.

것을 닮은 것이다.

상민은 상담을 통해 자신의 생각과 감정을 표현하는 연습을 하면서 점차 술 문제가 줄어들었다. 그리고 자신의 아버지도 상담을 받아서 마음에 있는 말을 표현했으면 좋겠다는 소망을 가졌지만, 아버지는 끝끝내 상담소에 오지 않았다. 상민은 여전히 아버지 문제로 힘들었지만, 왜 그렇게 했는지를 이해하게 되어 아버지에 대한 미움이 점점 연민의 감정으로 바뀌었다고 한다.

얼마 전에는 처음으로 아버지에게 "아버지, 사랑해요!"라고 용기내어 말했다고 한다. 그러자 놀랍게도 반응이 없을 줄 알았는데 아버지가 "아들아! 사랑한다."라는 말을 해주었다고 한다. 상민은 울면서 그 말이 정말 듣고 싶은 말이었다고 했는데, 나도 가슴이 아프면서 한편으로는 마음이 따뜻해지는 것을 느꼈다.

민희는 자신을 과잉보호하면서 키운 어머니가 원망스러웠다. 어려서부터 어머니가 너무 많은 것을 해주는 바람에 자신은 독립심을 키우지 못했고, 자신감이 줄어들어 남들 앞에 서면 위축되고 두렵다고 했다. 그녀는 상담을 받던 중, 어느 날 우연히 어머니와 이야기할 기회를 갖게 되었다. 그녀는 어머니에게 왜 자신을 그렇게 과잉보호하며 키웠냐고 물었다. 그러자 어머니는 딸이 혹여 잘못될까 봐 몹시 두려워 그랬다고 대답했다. 남편이 폭력이 심했기 때문에 자신이라도 딸에게 더 잘해주려고 애를 썼고, 어렸을 때 하도 아파서 마음을 좀처럼 놓을 수 없었다고 말이다. 민희는 그 이야기를 들으면서 엄마가 나를 너무 믿지 못하고 간섭한 것이 아니라 자신을 지켜주려고 그랬다는 사실을 깨달았다.

미영과 상민, 민희처럼 당신도 아버지와 어머니라는 존재에 대해 이해해보려고 애를 쓰고 있을 것이다. 물론 당신이 폭력이 심한 부모를 만났다면 그들을 이해하거나 연민을 가지기는 매우 어려울 것이다. 현재 상황이 너무 심각하다면 부모를 적대하고 원망하기 쉬울 것이다. 도저히 용서할 수도 없을 것이다. 하지만 그러다가 어느 날 당신은 깨달을 수도 있다. '아, 부모라는 인간들도 별 수 없구나!'라고 말이다. 그런 생각이 들 때 부모에 대해 가져왔던 기대와 환상에서 자유로워지며 그들에게 연민의 감정을 느낄 것이다.

성장하면서 우리는 수많은 잘못을 저지른다. 어린 시절에는 결코 용납할 수 없던 행동들을 어른이 되어 저지르는 것을 보면서, 한편으로는 내가 세상에 찌들어가고 물들어간다는 생각에 마음이 어두워지기도 한다. 하지만 또 다른 한편으로는 다른 사람들의 잘못에 좀더 관대해지게 된다. 부모들과 비슷한 잘못을 저지르는 나를 보면서 부모들을 좀더 이해하고 연민의 감정을 가지게 된다.

▌황홀한 고백, 사랑한다는 말

사랑한다는 말은 가시덤불 속에 핀 / 하얀 찔레꽃 / 사랑한다는
말은 / 한자락 바람에도 / 문득 흔들리는 나뭇가지 / 사랑한다는
말은 / 무수한 별들을 / 한꺼번에 쏟아내는 / 거대한 밤하늘이다
/ 어둠 속에서도 훤히 빛나고 / 절망 속에서도 키가 크는 한마디
의 말 / 그 얼마나 놀랍고도 황홀한 고백인가 / 우리가 서로 사랑
한다는 말은 (이해인의 시 〈사랑한다는 말은〉)

아버지에게 사랑한다고 말할 수 있었던 상민은 참 운이 좋고
행복한 사람이라고 생각한다. 대부분의 부모들이 그 말을 하기
어려워한다. 잘 보이지 않는 마음으로만 자식을 걱정하고 사랑한
다. 심지어는 때리는 것과 같은 매우 잘못된 방식으로 표현하기
도 한다. 그래서 아이들은 부모의 사랑을 잘 느끼지 못한다. 다행
히 어른이 되어가는 우리는 그들의 표현되지 않았던 마음을 조
금씩 보고 이해할 수 있게 된다.

부모가 자식에게 사랑한다는 말을 하지 못하고 있다면, 상민
처럼 부모에게 먼저 다가가 말해볼 수 있다. 사랑한다는 말은 상
대방을 구원하기도 하지만, 용서를 할 수 없고 부모를 원망해서
몹시 힘들었던 우리 자신을 구원하기도 한다. 미워하고 원망하는
마음도 많지만, 우리가 그 마음을 갖는 것은 그만큼 상대방에게

서 사랑받길 원하고, 또 상대방을 사랑하는 마음이 많기 때문이 아니던가?

사랑받지 못하는 느낌도 고통스럽지만, 내가 사랑하고 있을 때 그 마음을 표현하지 못하는 것이 어쩌면 더 큰 고통일 수 있다. 그래서 경수처럼 아버지를 용서하고 사랑한다는 말을 하는 순간, 우리 몸에는 피가 돌고 가슴 한구석에 박혔던 얼음 한 조각이 눈 녹듯이 사르르 녹아 없어질 것이다.

그때 그 사람들은
나한테 왜 그랬을까?

상황을 올바르게 인식하면 고통에서 자유로워진다.
타인에 대한 이해와 공감으로 나의 우주가 확장된다.

우리는 살아가면서 상처받을 일이 무수히 많다. 교통사고로 몸이 다칠 수도 있고, 다른 사람의 험담이나 무시로 마음이 다칠 수도 있다. 정도의 차이는 있지만, 어른이 된다는 것은 상처가 늘어나고 손발과 마음에 굳은살이 두꺼워지는 일이리라.

이 과정에서 비슷한 일이라도 사람들은 다르게 고통을 느끼는 것 같다. 남이 아무리 뭐라고 해도 개의치 않는 사람이 있는가 하면, 사소한 일에도 큰 상처를 받는 사람이 있다.

여기에는 몸 상태, 상황에 대한 지각, 가치관, 스트레스 대처

능력 등 다양한 변수들이 영향을 미치는데, 이 칼럼에서는 환경과의 관계를 잘 맺기 위한 방안으로 '상황에 대한 지각'을 살펴보겠다.

▌같은 상황을 다르게 지각하는 사람들

그룹상담에 참여한 수경은 자신의 문제가 초등학교 3학년 때 일어난 사건 때문이었다고 고백했다. 그때가 부산에서 서울로 전학을 왔을 때인데, 국어 시간에 부산 억양으로 책을 읽자 반 아이들이 웃음을 터뜨렸다고 한다.

그 순간 수경은 얼굴이 빨개지고 목소리가 덜덜 떨렸는데, 그 경험이 매우 수치스럽고 고통스러웠다고 했다. 그 후로 발표할 때마다 공포가 생겨 발표하기 일주일 전부터 잠을 제대로 못 자게 되었다고 한다.

나는 그때 수경이 상황을 어떻게 지각해서 수치심을 느꼈는지 알고 싶었다.

나: 그때 사람들이 왜 웃었을까요?

수경: 제가 바보 같다고 비웃지 않았을까요?

나: 글쎄요. 다른 분들도 비슷한 상황을 경험하거나 웃어본 적이

있으실 텐데, 그럴 때 마음이 어떠셨나요? 혹시 비슷한 일을 겪은 분이 있으신가요?

민수: 저도 친구가 그래서 웃은 적이 있어요. 그런데 걔를 비웃은 게 아니라 재미있어서 웃은 거 같은데요? 재미있잖아요.

영미: 저도 그런 적 있어요. 저는 제가 책을 읽을 때 목소리를 떠니까 친구들이 막 웃었는데, 오히려 내가 친구들을 웃겼다는 생각이 들어서 기분이 좋았어요.

이 대화를 통해서 수경은 자신이 느낀 것이 다른 사람과 다르다는 것을 알게 되었다. 수경 뿐 아니라 같은 상황을 다르게 지각하는 일들은 누구에게나 일어날 수 있는 무척 흔한 일이다.

무시를 많이 당했거나 자신이 다른 사람을 많이 무시해온 이들은 다른 사람의 시선이 자신을 무시하는 것으로 느끼기 쉽다. 마음속에 화가 많은 사람은 타인의 무표정이 마치 화난 것처럼 보일 수 있다.

이처럼 똑같은 상황을 다르게 지각하는 데에는 살아오면서 겪은 일들이나 자신의 마음이 연결되어 있다. 이것을 깨닫는 순간, 상황이나 상대방의 마음을 보다 있는 그대로 바라볼 수 있게 된다.

▌성인의 시각으로 그때를 다르게 살펴본다

준호는 직장인이다. 사람들 앞에 서면 자신이 없고 사람들과 어울리는 자리에서 심하게 긴장한다. 고등학교 때 친구들에게 왕따를 당하면서 그렇게 되었단다. 그때 선생님이 자신을 많이 예뻐했는데, 아이들이 시샘을 해서 더 괴롭힌 것 같았다고 한다.

나는 준호에게 앞에 빈 의자를 두고, 옛날에 자신을 괴롭힌 친구가 거기에 앉아 있다고 상상해보라고 주문했다.

나: 지금 길을 가다가 우연히 친구를 만난 상황이에요. 앞에 있는 의자에 그 친구가 앉아 있다고 상상해 보시겠어요? 그리고 그 친구에게 하고 싶은 말을 해보세요.

준호: 나, 너 때문에 정말 힘들었어. 나는 전학을 와서 적응하기도 힘들었는데, 네가 그렇게 나를 없는 사람 취급하고 무시할 때 죽고 싶다는 생각까지 했었어. 그 뒤로 내가 사람들을 피하게 되고 지금까지 얼마나 힘들었는지 알아?

나: 이번에는 의자를 바꾸어 그 친구가 되어볼게요. (친구의 자리로 바꿔 앉는다) 그 친구 입장에서 방금 자신이 한 말에 대답해보시겠어요?

친구 입장(준호): 네가 그렇게 힘들었다니 미안하다. 나는 네가 지금까지 그렇게 힘든 줄 몰랐어. 그때 난 선생님이 너만 예뻐하니까 정말 짜증이 나더라. 네가 특별히 싫어서 그랬던 건 아니고 선생님이 차별대우하는 것 같아서 너까지 보기 싫었어. 정말 미안해. 그때는 내가 너무 철이 없었던 것 같아.

준호는 이 작업을 통해 상대방 입장과 마음을 추측해볼 수 있었다. 그 당시에는 너무도 고통스러워서 상황을 제대로 살펴보기 어려웠지만, 성인이 된 지금은 상황을 전체적으로 살펴볼 수 있게 성숙한 것이다.

간접적으로나마 나를 괴롭힌 친구의 마음을 알게 되면서, 준호는 마음속 상처가 아물고 과거를 생각하면서 화나는 것이 줄어들었다. 그리고 사람들을 만날 때 과거의 안경을 벗어던지고 새로운 안경으로 볼 수 있게 되었다.

▌'나'에서 시작된 관심이 '우리'로

수경과 준호처럼 처음에는 '나'의 고통에서 시작하지만, 점차 '우리'가 서 있는 상황에 대한 이해로 이어진다. 상대방을 이해하려고 노력하고, 다른 사람들과 함께 이야기하는 과정에서 우리는 삶을 보다 넓고 깊게 이해하게 된다.

그래서 용서는 단순히 내 마음을 고쳐먹는 차원에서 끝나지 않는다. '나'에서 시작된 관심이 '우리'를 향한 관심으로 커져가는 과정이며, '나'라는 우주를 확장시키는 노력이다.

어떤 이는 피부병으로 고생하다가 환경문제에 눈을 뜨고, 어떤 이는 반려동물을 키우다가 동물보호 운동에 참여한다. 그러면서 점점 우리는 모두 연결되어 있는 존재라는 것을 알고, 나의 행복만이 아닌 더불어 행복한 삶을 고민하게 된다. 기아와 빈곤으로 시달리는 나라에 사는 아이들을 후원하는 일부터 시작해서 나중에는 대안교육에 참여하거나 시민운동에 참여하고, 귀농을 통해 보다 건강한 생태계를 만들어가는 이들도 있다.

더불어 살며 치유되다:
사다나 포레스트 이야기

푸근한 관계 속에서는 몸과 마음이 저절로 편안해지고,
사람과의 따듯한 접촉과 진실한 교류가 우리를 치유한다.

개인적 문제로 고민하다가, 우리는 나와 비슷한 고민을 갖고
있는 사람들을 만나게 된다. 그런 사람들이 모여 '우리'가 사는
것에 대해 이야기하고, 더 나아가 더불어 어떻게 살아갈지를 고
민한다.

이 과정에서 크고 작은 모임들이 만들어지고, 그런 것들이 커
지면서 공동체가 된다. 어떤 곳은 마을 기반으로, 어떤 곳은 하나
의 장소에만 국한되지 않고 온라인과 오프라인을 아우르는 커뮤
니티가 되기도 한다.

나는 몸과 마음의 병을 치유해가는 과정에서 이런 공동체들의 도움을 많이 받았다. 초중고 시절에는 성당 공동체의 도움을, 대학 때는 자취방 공동체(작은 곳에 수많은 사람이 함께 살았다)의 도움을 받았다. 상담가로 성장하는 과정에서는 직접 만든 온라인 커뮤니티 활동이나 상담가 동료들 모임도 큰 힘이 되었다.

이번 칼럼에서는 인도에서 경험한 생태 공동체를, 그리고 이어지는 다음 칼럼에서는 한국에서 만든 자조모임에 대해 소개하고자 한다. 공동체적인 삶이 어떻게 마음을 치유하는가? 그리고 우리에게 필요한 삶의 모습이 무엇인가?

▌나무 심는 공동체 '사다나 포레스트'

나는 첫 직장으로 한국음주문화연구센터 산하 알코올 의존자 거주시설에서 3년을 일했다. 보람도 컸고 좋은 경험도 많았지만, 조직생활에서 겪는 힘든 일들에다가 개인적으로도 인간관계에서 큰 위기를 겪으며 심각하게 우울한 시기였다.

그럴수록 스스로를 잘 돌봤어야 했는데, 나는 미래에 대한 불안으로 몸과 마음이 병들고 있는지도 모르고 일했다. 그러던 어느 날, 툭 건드리기만 해도 눈물이 뚝뚝 떨어지는 나를 보고, 결국 사표를 내고 인도로 떠났다.

여행할 기운은 나지 않고 어느 한 곳에 머물러 휴양하고 싶던 차에, 우연히 타밀나두 주에 있는 '오로빌'이라는 공동체 마을을 알게 되었다. 스리 오로빈도라는 사상가의 가르침에 매료되어 전 세계 사람들이 모여들어 시작되었고, UN의 지원을 받는 세계 4대 공동체 중에 한 군데다.

처음엔 게스트 하우스에 머무르려고 했지만 빈 방이 없어 어찌할까 고민하던 중에, 게스트 하우스 서비스에서 일하는 한국인 선생님이 여긴 어떻겠냐며 '사다나 포레스트Sadhana forest'를 소개해 주셨다.

그곳은 아비람Aviram과 요릿Yorit이라는 이스라엘 출신 심리학자 부부를 중심으로 오로빌 서남부 지역 황폐화된 숲에 나무를 심고 생태적인 삶을 만들어가는 곳이다. 내가 갔을 때는 성수기라 전 세계에서 몰려든 150명 가까이 되는 자원봉사자들이 벽이 없는 오두막에서 함께 생활하고 있었다.

오전에는 매일 5시간씩 나무 심기 · 텃밭 가꾸기 · 청소하기 · 요리하기 · 장작 패기 등 공동체 생활에 필요한 노동들을 했고, 오후에는 서로가 알고 있는 것을 가르치고 배우는 워크숍들이 열렸다. 아프리카 댄스 · 마사지 · 요가 · 비폭력 대화 등 뭐든지 자신이 알고 있는 걸 나누는 분위기였다. 우리나라였다면 누가 나댄다고 생각할까 봐 조심스러워할 것 같은데, 이곳에서는 아주 조그만 것이라도 망설임 없이 가르쳐준다고 말하고, 배우고 싶다고 이야기

사랑받지 못하는 느낌도 고통스럽지만,
내가 사랑하고 있을 때 그 마음을 표현하지 못하는 것이
어쩌면 더 큰 고통일 수 있다.
그래서 경수처럼 아버지를 용서하고 사랑한다는 말을 하는 순간,
우리 몸에는 피가 돌고 가슴 한구석에 박혔던
얼음 한 조각이 눈 녹듯이 사르르 녹아 없어질 것이다.

하는 게 인상적이었다.

나는 공동체 회의에서 "help me!"를 외치며, 돈을 줄 테니 영어 회화 좀 가르쳐달라고 부탁했는데, 비즈니스는 하면 안 되니까 그냥 가르쳐주겠다고 나선 친구들이 7명이나 되어 난 큰 감동을 받았다.

학생 6명에 선생님 7명이 교대로 돌아가면서 주 2회씩 배웠는데, 공동체 구석구석을 돌아다니면서 일상에서 어떻게 영어를 쓰면 되는지 배웠고, 이렇게 배운 것을 바로 써볼 수 있어서 저절로 외워지고 응용도 가능해졌다.

그리고 무엇보다도 이곳에서는 포옹을 자주 했다. 오전 일과를 시작하기 전에 원으로 빙 둘러서서 서로를 안아주는 것으로 시작해, 지나가다 반가워서도 하고, 외로우면 더 많이 하고, 하루 수십 번을 해도 이상하지 않을 정도로 자주 포옹을 하는 분위기였다.

한번은 산쥬라는 인도 친구가 저수지에 외롭게 서 있는 걸 보고 "너 외롭니?"라고 물었다. 그 친구가 "응, 나 많이 외로워."라고 대답하길래 "그래? 나도 많이 외로워."라고 응답하니, 그 친구가 날 두 팔 벌려 와락 안아주었다. 한 번 하면 아쉬워서 한 번 더 하고, 그렇게 3번을 포옹하면서 나는 같은 남자끼리도 포옹으로 위로받을 수 있다는 걸 그때 알았다.

마음속 깊은 슬픔이 터져나와 엉엉 울고 있던 날에는 일본인 친구 요코가 다가와 눈물을 닦아주며 엄마처럼 꼭 껴안아준 적도 있고, 같은 오두막 친구 독일인 친구 프란찌는 내가 건넨 사소한 선물에도 볼에 뽀뽀를 아끼지 않았다.

▎진실한 교류의 중요성을 깨닫다

이런 푸근한 관계 속에서 몸과 마음이 저절로 편안해졌다. 마음이 편해지니 사람에게 다가가는 일이 편해지고, 어디서든 눈치를 덜 보면서 행동하게 되었다. 무서워서 춤 한번 못 추던 내가 어느 날엔가 긴장이 풀려 신들린 막춤을 춘 적이 있었는데 사람들의 열광적인 환호를 받아 얼떨떨해진 적도 있다.

마치 어린아이 시절로 돌아간 것처럼, 아니, 어린아이일 때도 눈치 보느라 잘 하지 못했던 것을 하는 시간이었다. 아마 나 혼자 하려면 절대 하지 못했을 것이다. 함께 하니 솔직하게 얘기하는 것도 감정을 표현하고 행동하는 것도 쉬워진 것이다.

이 2달 동안의 공동체 경험이 나를 많이 바꾸어 놓았다. 외국인을 만날 때 느끼던 공포감은 호기심과 설렘으로 바뀌었고, 영어회화 한 마디 못하던 내가 귀국하자마자 외국계 기업에 겁도 없이 지원해 덜컥 합격하게 된 놀라운 일도 일어났다.

또 그곳에서 만난 사회복지사 친구와의 약속으로, 인도 빈민

지역에 화장실 한 칸을 지어주겠다고 장담해서 거리에서 노래 공연을 할 용기도 냈고, 처음으로 주간지에 기고도 해보면서 전에 해보지 않았던 일을 많이 하게 되었다.

겨우 2달을 다녀왔을 뿐인데, 그곳에 있으면서 나에게 많은 변화가 일어났다. 그래서 나는 알게 되었다. 풍요로운 자연을 자주 접하고, 적당히 육체노동을 하면서 즐겁게 배우고, 무엇보다도 사람과의 따뜻한 접촉과 진실한 교류를 하는 것이 내게 얼마나 필요했는지를.

더불어 살며 치유되다:
'이미 아름다운 당신' 모임 이야기

'아, 나만 이상한 게 아니구나.' 하고 깨닫게 되었을 때
나는 다시 살아갈 희망과 용기를 얻게 되었습니다.

정신건강 영역에서 자조모임(Self-Help Group)은 일종의 공동체로, 외부 권위자의 힘을 빌리지 않고 고통을 겪는 당사자들끼리 만나 서로 아픔을 나누며 마음을 치유하는 모임이다.

가장 역사가 오래된 자조모임은 A.A.(Alcoholics Anonymous, 익명의 알코올 중독자들)다. 1935년 미국에서 음주문제로 고통을 겪던 주식중개업자 빌 윌슨Bill Wilson과 외과의사 로버트 스미스Robert Smith가 만나 이 모임을 시작했다.

점점 커진 이 모임은 현재 전 세계에서 A.A. 모임이 정기적으

로 열리고 있고, 이후에 알코올 문제뿐 아니라 다양한 주제로 수
많은 자조모임들이 생겨났다. 우리나라에서도 인터넷의 발달과
더불어 수많은 자조모임이 생겨났다.

▌사회불안 치유모임 '이미 아름다운 당신'

나는 2003년도에 대학원에서 사회불안 그룹상담의 효과성을
검증하는 논문을 썼는데, 당시 그룹상담에 참여한 사람들과 후속
모임으로 다음에 '이미 아름다운 당신' 카페를 만들었던 게 시초
였다. 그 후 군 입대로 몇 년 공백기를 가진 후 같은 이름으로 새
롭게 카페를 시작했다.

처음엔 내가 사회불안이 심하니 내 문제도 고칠 겸 내게 도움
이 된 것들을 다른 사람들과 나누고자 하는 가벼운 마음이었는
데, 어느 날 회원수가 1천 명을 돌파하더니 얼마 지나지 않아 3천
명이 되고, 회원 수가 1만 명에 도달하는 게 순식간이었다.

숫자가 많아지니 나는 몹시 놀랐다. '아, 이렇게 많은 사람들이
나와 같은 고민을 가지고 있다니!'라고 생각하면서도 한편으로
는 '사람들이 어딜 가서 이야기할 곳이 마땅치 않구나.' 하는 생
각도 들었다. 이곳에서는 정기모임을 비롯해서 수많은 소모임들
이 있다. 독서 모임, 발표 및 대화 모임, 침묵 모임, 영화 모임, 부

모 모임 등 마음치유에 필요한 것이면 무엇이든 한다. 모임에 참가한 사람들에게 어떤 게 도움 되었느냐고 물어보면 다음과 같이 말한다.

첫째, 소외감에서 벗어난다. 나만 이상한 것 같고, 나와 같은 문제를 겪는 사람은 없다고 생각하던 사람들이 모임에 나와서 보니 자신과 비슷한 사람들이 무척 많다는 걸 알게 되면서 '아, 나만 그런 게 아니구나!' 하고 크게 안심한다. 자신이 이상하다는 생각에서 이상하지 않다는 생각으로 바뀌면서 자존감을 회복한다.

둘째, 서로가 함께 배우며 나아간다. 상담자가 이렇게 하면 좋다고 이야기하는 것보다, 나와 같은 고통을 겪은 이가 도움이 되었다고 말하는 게 더욱 크게 와 닿는다. 언젠가는 한 분이 제주 올레길을 다녀왔는데, 이후 다른 분들도 많이들 찾아가는 것을 보면서 참 흐뭇했다.

셋째, 내 잠재력이 발휘될 수 있는 좋은 환경이다. 내 어려움을 이해하는 사람들이 있으니 말도 편하게 하고, 행동도 자유롭다. 전에는 위축되어 하지 못하던 말과 행동들을 편안하게 실험해보기도 한다. 다른 곳에서는 말도 제대로 못하던 사람이 이곳에서는 무대에서 열창을 하는 놀라운 모습을 보여주기도 한다. 서로 "힘든 거 맞아?"라고 물어볼 정도로, 노래든 춤이든 쉽게 나오는 것을 보면서 서로가 놀란다.

넷째, 자발성을 회복한다. 무엇이 무엇인지 서로 고민하고 대안들을 제시하는 가운데, 자신에게 필요한 것들을 실천한다. 정신과 의사나 심리상담가들에 의존하지 않고, 잡아주는 고기를 먹기보다 스스로 고기 잡는 법을 익혀가는 것이다.

다섯째, 마음 치유를 넘어서 자아실현을 하는 기회가 되기도 한다. 우리 모임에서는 무대공포증이 있는 사람들이 연극배우를 강사로 모셔서 매년 연극 공연을 올리고 있다. 어떤 분은 프로 연극배우 아니냐는 찬사를 받기도 했는데, 이런 경험을 통해 자신감도 커지고, 자신의 잠재력을 발견하고 실현하는 기회가 된다.

▌속마음을 나누면서 이루어지는 '공감'

나도 이 모임에서 큰 도움을 받았다. 누군가에게 도움을 주는 과정에서 나는 내 문제를 더 잘 깨닫게 되었고, 또 댓글을 달아주고 모임을 진행하는 내 작은 정성에 사람들이 매우 고마워하고 따뜻한 마음을 보내주니 마음이 훈훈해질 때가 많았다.

사람들 앞에 나서는 게 무서웠는데, 그렇게 내가 나설 때 반응이 따뜻하니 어느덧 무대에 대한 공포도 줄어들었다. 단체모임 진행은 고사하고 1:1 대화에서도 진땀을 흘리던 나였는데, 훈훈한 분위기에서 경험을 쌓으니 수십 명, 수백 명이 있는 자리에서도 보다 편안하게 이야기할 수 있게 되었다.

앞 칼럼에서 얘기한 생태 공동체의 치유 원리처럼, 이 자조모임도 권위자의 권력이 아닌 더불어 살아가는 과정에 의해 치유된다. 그 핵심은 진솔하게 속마음을 나누면서 이루어지는 '공감'이며, 훈훈한 이해와 지지 속에서 솟아오르는 '용기'다.

내가 자조모임을 통해 큰 도움을 받았듯이, 이 책을 읽는 독자 여러분들도 비슷한 경험이 있을 것이다. 그 모임 이름이 꼭 공동체나 자조모임이라고 불리진 않더라도, 우리는 여럿이 함께 치유적인 대화를 나눌 때가 있다.

언제, 어떻게 나누었던 대화가 우리를 편안하게 해주고 아픈 마음을 어루만졌는지를 기억해보자. 기억하고 나면 다시 그런 경험을 하고 싶어지게 될 것이다. 과거의 사람을 다시 만날 순 없을지라도, 새로운 관계에서 같은 방식으로 마음을 나눌 수 있을 것이다.

변화를 위한 동기는 다양하게 존재한다.
변화를 위한 이유가 바뀌면 이는 동기에게도 영향을 준다.
동기와 동기수준은 각자 다르고,
시간이 흐름에 따라 동기는 변화한다.

긴장을 풀어주는 신체감각 알아차림 | 릴랙스와 멈풀연 명상으로 여기에 집중하기 | 마음을 치유하는 글쓰기 방법 | 마음 성장을 위한 여가와 취미생활 | 자신감을 회복하는 이미지 트레이닝 | 떠오르는 것을 있는 그대로 말하기 | 노력하지 않아도 사람들을 웃기는 법 | 감정과 욕구를 잘 알아차리는 법 | 화를 제대로 다스리는 법 | 잘잘잘 법칙으로 공감능력 키우기

PART 4

나 자신으로
살기 위한 방법들

나 자신으로
살아간다는 것

나는 너가 아닌 나다. 당연한 말이지만, 혼란스러움이 넘쳐나는 세상에서 '나'인 채로 살아가기란 정말 어렵다. 아이가 태어나는 순간부터 사회는 본성보다는 다른 사람들에 맞춰 살아가기를 요구한다. 다른 사람들을 외면하고 살아가기는 어렵기에 대부분 내가 좋아하는 것을 하기보다는 해야 될 것들을 한다. 그러다 보면 나는 사라지고 다른 사람들이 바라는 가면을 쓴 나만 남게 된다.

그런데 '나' 자신으로 어떻게 살 수 있을까? 다른 사람에게 나는 어떤 사람인지 물어보는 사람도 있다. 그러나 다른 사람이 모르는 나도 있어 그것만으로는 충분치 않다. 내가 아는 나는 찾을 필요는 없지만, 내가 모르는 나를 찾는 일이야 말로 어려운 일이다. '나'를 찾기만 하면 뭔가 잘해볼 수 있을 것 같은데 어떻게 '나'를 찾아야 할지 막막하기만 하다.

나 자신으로 살기 위해서 첫째로 내가 어떤 생각을 하는지, 감정이 어떤지, 욕구가 어떤지를 알아야 한다. 사람들은 자신이 하는 생각과 감정과 욕구를 알고 살아가는 것 같지만 대부분 자신이 무슨 생각을 하는지도 모르고 생각에 빠지고, 어떤 감정을 느끼는지도 모르면서 감정에 휩싸인다. 또 내가 무엇을 좋아하는지 모르면서 필요한 것을 하지 못해 만성적인 공허감에 시달린다. 하지만 내가 하는 생각과 감정, 욕구 같은 것을 잘 알아차리면 내가 무얼 해야 할지가 분명해진다. 이를 쉽게 하기 위해 명상에서 하는 방법이 도움이 된다. 명상에서는 신체감각(혹은 움직임) 알아차림, 생각 알아차림, 감정 알아차림, 욕구 알아차림, 환경 알아차림 등 알아차릴 수 있는 모든 것을 알아차리며 호흡에 집중하는 연습을 한다. Part 4에서 서술하는 멈출연, 신체감각 알아차림, 글쓰기 치료 방법들은 모두 알아차림을 돕고 자신이 원하는 것을 하며 살 수 있도록 도와준다.

둘째, 다양한 경험을 하는 것이 도움이 된다. 항상 맴돌던 곳에만 있으면 내가 발현될 기회를 얻지 못할 수 있다. 다양한 여가생활과 취미생활을 할 때 내가 무엇을 좋아하고 원하는 게 무엇인지 알 수 있다. 마음의 치유와 성장을 위한 여가 및 취미생활의 원리에서 어떤 것들이 어떤 부분에서 심리적인 도움이 되는지를 설명했다.

셋째, 나 자신으로 살기 위해서는 자신감을 유지하는 것이 중요하다. 자기 자신에 대해 안정감을 느끼려면 신체이완이 필수적이다. 긴장된 상태에서는 편안함, 안정감, 자신감과 같은 것들을 느끼기 어렵다. 몸이 이완되려면 우선 산소 공급을 해야 하고 따라서 호흡이 필수적이다. 거기에 바디스캔과 같은 이완 테크닉들을 함께하면 좀더 편안해지고 안정감을 느끼게 된다. 여기에 자기 자신에 대해 긍정적인 이미지를 유지하는 이미지 트레이닝을 한다면 땅에 굳건히 뿌리를 박고 있는 느낌을 받을 수 있을 것이다.

이런 방법들의 공통점은 생각에서 벗어나 감각에 집중한다는 것이다. 심리적 문제의 대부분은 생각이 너무 많은 데서 온다. 잡념이 사라지고 지금 여기에 존재하는 보이는 것, 들리는 것, 만져지는 것 같은 감각과 그것에 반응해 떠오르는 내 존재의 반응을 만나고 느낄 수 있어야 한다. 그렇다면 많은 고통들이 사라지고 행복하고 충만함을 느끼며 살아갈 수 있다.

긴장을 풀어주는
신체감각 알아차림

신체감각 알아차림은 긴장이완과 불안 감소에 탁월한 효과가 있다.
자아실현은 내 몸을 발견하는 것에서 시작된다.

신체감각을 알아차리는 것은 긴장이완과 불안 감소에 탁월한
효과가 있다. 나는 이 방법을 원래는 다른 목적으로 사용하다가
긴장이 풀어지는 효과가 있다는 것을 나중에야 알게 되었다. 내
가 진행하는 대인관계 집단상담에서는 의사소통 향상을 위해 대
화명상을 하고 시작하는데, 그 중에 신체감각을 알아차려 대화하
는 것이 포함된다. 가령 "나는 지금 어깨가 뻐근한 것을 알아차립
니다."와 같이 그때그때 몸에서 느껴지는 감각이나 신체 움직임
을 말로 주고받는다. 하다 보면 신기하게도 몸에 긴장이 풀리고

하품이 나오면서 점점 잠이 오는 것을 발견할 수 있었다. 그래서 그 후로는 불면증을 가진 분들에게 이 방법을 권하기도 했고 효과도 있었다. 나도 잠이 잘 오지 않으면 신체감각 알아차림을 하면서 잠이 든다.

신체감각에 머무르면 왜 긴장이 풀리고 잠이 오는가? 우리 몸은 긴장되어 있을 때 잠이 오지 않는데, 감각에 머무르면 긴장을 유발하는 생각에서 벗어나 긴장이 풀어지기 때문이다. 불면증 이외에도 긴장으로 인한 모든 통증에 이 방법이 유용하다. 최근 통증 클리닉에서는 MBSR(Mindfulness-Based Stress Reduction, 마음챙김을 기반으로 하는 스트레스 감소) 프로그램이 많이 사용되고 있는데, 미국 매사추세츠 의과대학 교수인 존 카밧 진(Jon Kabat-Zinn)에 의해 전 세계에 알려졌다. 이 신체감각 알아차림을 통해 긴장을 완화하고 통증을 해소하는 것이다.

긴장에서 벗어나는 방법은 감정이나 주변의 다른 환경 자극들에 집중하는 방법도 있다. 다만 신체감각을 알아차리는 것이 훨씬 더 쉽기 때문에 명상을 처음 배울 때도 신체감각에 대한 알아차림부터 해보도록 지도를 받는다.

신체감각 알아차림을 활용하는 방법은 세 가지가 있다. 첫째는 혼자서 하는 방법으로, 혼자 앉거나 누워서 몸 위쪽에서 아래쪽으로 순차적으로 하는 방법이다. 둘째는 혼자서 하지만 무작위적으로 떠오르는 신체감각을 알아차려보는 방법이다. 그리고 마지막 셋째는 두 명이 짝을 지어 신체감각 알아차림을 대화하는 방법이다. 무엇이든 자신에게 맞는 방법을 사용하면 되는데, 누군가 같이 할 사람이 있다면 나는 마지막 방법을 더 추천한다.

▌ 신체감각을 알아차리는 방법

첫 번째는 혼자서 하는 방법으로, 몸 위에서 아래로 순차적으로 훑어 내려간다. 존 카밧 진의 저서 『마음챙김 명상과 자기치유』에는 '바디스캔'이라는 좋은 방법이 소개되어 있는데, 이 방법은 그것보다는 단순하다. 우선 눕거나 앉아 있는 자세에서 눈을 감는다. 그리고 몸 전체의 느낌을 느껴본다. 누워 있는 느낌, 숨 쉬고 있는 느낌 등 잠시 가볍게 몸을 느껴본다. 그리고 머리끝에서 시작을 하는 것이다.

우선 머리 정수리의 느낌을 느껴본다. 어떤 감각이 있는지 살펴보고, 감각을 알아차리면 잠시 느껴보고 바로 몸 아래쪽으로 내려간다. 그다음은 눈으로 가서 눈꺼풀의 느낌, 눈동자의 느낌 등 어떤 감각이 있으면 그걸 잠시 느껴본다. 그다음은 코로 가서 콧등의 느낌이나 공기가 코로 들어오는 느낌들을 느껴본다. 이런 식으로 입술, 목, 어깨, 가슴, 배, 엉덩이, 무릎, 발까지 순차적으로 내려온다.

발까지 이렇게 감각을 느끼면 마지막에는 숨을 들이쉬고 내쉴 때 공기가 정수리로 들어와 발바닥으로 빠져나가는 상상을 한다. 그리고 "나는 몸이 편안하다."라는 멘트를 덧붙인다.

이때 요령은 하나의 감각에 너무 오래 머무르지 않는 것이다. 잠시 음미하고 바로 다음 부위로 옮겨가는 것이 중요하다. 오랫동안 하나의 감각에 머무를 때는 그 감각과 연결된 감정과 깊게 접촉할 수 있다는 장점은 있으나, 그러지 않을 때는 잡념이 끼어들어 몸이 잘 이완되지 않을 수 있다. 감각이 잘 느껴지지 않는 부위가 있다면 그곳은 그냥 지나가도 된다. 어깨에서 팔꿈치를 지나 손으로 가도 되는데, 중요한 건 위에서 아래로 내려가야 한다는 것이다. 머리끝에서 발끝까지 1회 훑어본 후에 이완되는 느낌이 없으면 여러 차례 반복해도 된다.

두 번째 방법은 순서를 정하지 않고 뭐든지 알아차려지는 감각을 느끼는 것이다. '입술이 말라 있네.' '어깨가 아파.' '등이 간지럽네.' '고개를 움직이고 있구나.' 하는 식으로 몸이 움직이는 것이나 감각을 연속적으로 알아차리면 된다. 입 밖으로 소리내어 말해도 된다.

세 번째 방법은 그레고리 크레머의 저서 『함께 명상하고, 침묵으로부터 말하기(Meditating Together, Speaking From Silence)』에서 나온 방법으로, 지금 여기에서 알아차려지는 신체감각이나 움직임을 옆 사람과 대화하는 것이다. A가 "어깨가 아파." 하면 B는 "눈이 파르르 떨려." 하는 식으로 주거니 받거니 하는 것이다. 눈을 감고하면 좀더 감각을 알아차리기 쉬우며, 눈을 뜨고 해도 무방하다. 혼자 하는 명상은 지루할 수 있는데 이 방법은 대화로 하니 더 재미있고 웃음이 나기도 한다. 이를테면 한 사람이 "등이 간지러워." 하면 상대방도 자신의 그 부분을 살펴보게 되어 몸 감각을 알아차리는 데 시너지 효과가 발생한다. 또한 "하품이 나와." "나도 하품이 나와."라는 식으로 서로 비슷한 현상을 말하면 공명이 되어 긴장이 더 쉽게 풀리고, 그 결과로 웃음이 터져 나오기도 한다.

▌ 신체감각을 잘 알아차리면 좋은 점

평소 자신의 몸에 대해 관심이 적었다면 몸에서 느껴지는 것들을 발견하기가 쉽지 않을 수 있다. 그래도 괜찮다. 처음에는 느껴지는 것들부터 시작하면 된다. 하나 둘 발견해나가는 재미가 있을 것이다. '아, 내 몸에 이런 느낌이 있구나!' 하고 흥미로워질지도 모르겠다.

그렇게 조금씩 감각을 잘 알아차리게 되면 환경에서 오는 좋은 것들도 잘 느끼게 된다. 잠시 햇볕을 쐬더라도 몸에 와 닿는 느낌에 민감해져 포근함과 같은 기분 좋은 감정들도 더 잘 느낄 수 있다. 상쾌한 공기를 마시거나 푸른 하늘을 볼 때 열려진 감각으로 들어오는 행복한 느낌은 감각에 무딜 때와 비교할 수 없이 크다.

한편 정서적인 고통이 큰 경우에는 신체감각을 알아차리기 어렵다. 많이 불안하거나 우울한 사람들 중에는 정서적인 고통을 느끼지 않기 위해 몸을 긴장시켜 감각을 차단하는 경우도 종종 있다. 재키 가드너-닉스(Jackie Gardner-Nix)와 루시 코스틴 홀(Lucie Costin-Hall)의『마음 챙김으로 통증 다스리기』에서는 통증이 감정적인 고통에서 비롯되었다는 사례들이 소개되어 있다. 이러한 통증들은 감정을 표현하면 사라진다고 한다.

신체감각을 잘 알아차리게 되면 긴장 감소뿐만 아니라 몸을 통해 느낄 수 있는 감정도 더 잘 알아차리게 되는 효과가 있다. 대부분의 심리적 고통은 감정을 억누르는 것에서 발생하는데, 감정을 잘 알아차리면 삶이 더욱 생생해져 고통도 느끼게 되지만 그만큼 행복감도 많이 느낄 수 있다.

또한 감정을 잘 알아차리는 사람은 좋고 싫은 게 분명해져 자신이 원하는 게 무엇인지 알게 되고, 그 욕구를 관계에서 잘 실현시킬 수 있다. 자아실현은 자신의 욕구를 적절하게 실현하는 것이다. 그리고 그 시작은 내 몸을 알아차리는 것이다.

또한 감정을 잘 알아차리는 사람은 좋고 싫은 게 분명해져
자신이 원하는 게 무엇인지 알게 되고,
그 욕구를 관계에서 잘 실현시킬 수 있다.
자아실현은 자신의 욕구를 적절하게 실현하는 것이다.
그리고 그 시작은 내 몸을 알아차리는 것이다.

릴랙스와 멈풀연 명상으로
여기에 집중하기

몸과 마음은 연결되어 있어 마음이 불편하면 몸이 아프다.
멈풀연은 불안을 줄여주고 지금 여기에 집중할 수 있게 한다.

우리가 마음이 힘들 때 몸을 살펴본다면 어딘가 한 곳은 긴장되어 있는 것을 발견할 수 있다. 당신이 어떤 걱정을 하고 있다면 몸을 한번 느껴보자. 숨이 짧지 않은지, 어깨나 목이 뻣뻣하지는 않은지, 가슴이 답답하거나 아랫배에 힘이 들어가 있지는 않은지를 살펴보면 몸 어딘가에 긴장된 부분을 발견할 수 있을 것이다.

사람들은 아주 오래 전부터 마음이 아플 때 몸을 풀어주는 것을 해왔다. 무언가에 놀라면 가슴을 쓸어내리는 것, 아이가 울 때 엉덩이를 토닥거려 주는 것, 마음이 고통스러울 때 신음소리를 내는 것과 같이 말이다. 우리는 이미 삶에서 몸을 풀어 마음도 편안하게 하려는 노력들을 알게 모르게 하고 있다.

최은석과 정은기가 쓴 『지금 행복하고 싶다면 릴랙스』에서는 우리들이 일상에서 이미 행하고 있는 이완법들을 소개하고 있다. 그러면서 우리가 릴랙스에 관한 한 타고난 전문가라고 말한다. 일부분을 소개해보면 다음과 같다.

- 이른 아침 모닝커피 한 잔을 마시며 잔잔한 여유를 느낄 때
- 출근길의 지하철이나 버스에 앉아 이어폰으로 좋아하는 음악을 들을 때
- 맛있는 요리를 먹으면서 '음~' 하는 감탄사를 내뱉을 때
- 책상 앞에 오래 앉아 있다가 잠시 크게 기지개를 켜며 긴장했던 온몸의 근육을 풀어줄 때
- 운동이나 고된 작업 뒤 샤워하고 쉴 때
- 재미있는 책이나 영화에 집중할 때
- 사랑하는 사람과 따뜻한 포옹을 나눌 때

다음에 소개하는 멈풀연은 긴장이완법이면서 더 나아가 지금 여기를 살도록 돕는 구체적인 방법이다.

▌지금 여기를 살도록 돕는 멈풀연 명상

멈풀연은 '멈추고-풀고-연다'를 줄인 말로, 영어로는 PRO(Pause-Relax-Open)라고 한다. 한국의 김정규 박사와 미국 명상가인 그레고리 크레머가 함께 쓴 '불안문제를 다루는 통찰대화명상(Insight dialog meditation)'이란 논문에 소개된 방법이다. 이 멈풀연은 아주 단순한 방법이지만 지금 여기에 집중하는 연습을 통해 현재를 살도록 돕고, 지속적으로 하게 되면 불안이나 우울이 많이 줄어드는 매우 유용한 방법이다.

멈풀연의 첫 단계는 멈추는 것이다. 살아가면서 우리는 에너지가 차단되어 불안하거나 우울해질 때가 있다. 앞서 Part 1에서 차단행동에 대해 설명했다. 필요한 때를 제외하고는 기억, 생각, 상상, 이미지들은 우리 몸에 과도한 긴장을 유발시킨다. 이것을 멈추면 긴장이 풀리고 몸에 활력이 생겨 현재에 집중하며 살아갈 수 있다. 멈추기 위해서는 일단 내게 일어나는 차단행동들을 알아차려야 한다. 이를테면 '내가 이 생각을 하고 있구나.' 하고 알아차리는 순간, 그 생각은 멈추게 된다. 효과를 더하기 위해 'Stop'이라고 속으로 외칠 수도 있다.

2단계에서는 풀어야 한다. 알아차림만으로는 긴장이 풀리지 않는다. 알아차린 후 곧바로 숨을 들이마시고 내쉬면서 긴장이 풀리는 것을 느끼는 것이 바로 풀기이다. 4~6초 정도면 적당할 것이다. 온몸이 이완되는 느낌에 집중하면 긴장이 더 잘 풀리게 되는 것을 알 수 있다.

마지막 3단계는 마음을 여는 것이다. 풀기 후에 또 다시 긴장을 유발하는 차단행동이 일어날 수 있는데, 이때 방안에 혼탁한 공기를 환기시키기 위해 창문을 여는 것처럼 마음도 창문을 열어 새로운 공기가 들어오도록 하는 것이 필요하다. 마음을 열기 위해서는 몸의 창부터 열어야 한다. 오관이라고 부르는 감각기관을 활용해서 여는 것이다. 긴장을 푼 다음 바로 주변 환경에서 일어나는 것들을 보고, 듣고, 냄새 맡고, 맛을 음미하고, 만져보는 것들이다. 걸을 때는 발의 촉감에 집중하는 것이고, 밥을 먹을 때는 혀에서 느껴지는 감촉이나 맛에 집중하는 것이다. 대화를 할 때에는 상대방의 표정이나 목소리에서 느껴지는 느낌에 집중할 수도 있다. 감각을 여는 것 이외에도 긴장을 유발하는 생각 대신에 다른 생각을 하는 것, 즐거운 상상을 하는 것, 좋았던 기억을 되살려보는 것도 마음 열기에 해당한다.

▌현재에 집중할 수 있는 힘이 길러진다

현대인들이 명상에 대한 관심이 늘었다는 것은 그만큼 스트레스가 많다는 반증일 것이다. 요즘은 "빨리빨리"를 외치며 과거에서 벗어나 자꾸만 미래로 향할 것을 강요한다. 미래를 향한 걱정에 쫓기는 만큼 현재의 기쁨과 즐거움을 누릴 시간은 줄어든다. 단순히 잠시 멈추어 서서 숨을 쉬며 긴장을 푸는 순간만으로도 우리는 숨가쁘게 돌아가는 톱니바퀴를 정지시킬 수 있다.

앞에서 소개된 다양한 긴장이완법이나 멈풀연만으로는 긴장이 다 풀리지 않을 수 있다. 좀더 심한 스트레스 상황에서는 다른 방법들을 병행하는 것이 필요하다. 그러나 이것을 꾸준히 하게 되면 안정적인 습관으로 자리 잡아 현재에 집중하는 시간이 점점 늘어나고, 그만큼 과거나 미래에 붙들려 긴장하는 시간은 줄어들 것이다.

멈풀연을 많이 하다 보면 동영상을 느리게 재생하는 것처럼 마음에서 일어나는 것을 느리게 볼 수 있게 된다. 내 마음을 바라본다는 것은 지금 이 순간 존재하는 나를 만나는 것이다. 또 숨을 충분히 쉬면서 긴장이 풀려나갈 때 감정이나 몸의 느낌을 더욱 잘 알 수 있다. 하루에 3번만 실천해도 된다. 길을 가다가도 책상 앞에 앉아 일을 하다가도 잠깐 멈춰 서서 3분만 해봐도 좋다. 그것이 하루 이틀이 되고, 한 주 두 주가 되면서 지금 여기로 돌아오는 힘이 점점 늘어날 것이다.

마음을 치유하는 글쓰기 방법

글을 쓰는 시간은 내가 몰랐던 나를 발견하는 소중한 시간이다.
글재주가 없어도, 글을 써본 경험이 없어도 지금 바로 할 수 있다.

마음을 치유하는 글쓰기 방법은 아주 쉽다. 글재주가 없어도, 글을 써본 경험이 없어도 지금 바로 해볼 수 있다. 나는 이 방법을 대학 시절에 알게 되어 글 쓰는 막막함과 두려움에서 해방되었다. 그러다 나중에 이 방법이 일부 상담가와 교육자들에 의해 현장에서 유용하게 사용되고 있다는 것을 알게 되었다. 이 방법은 글을 쓰는 데 필요한 창의력과 순발력, 그리고 표현력을 키워주기도 한다. 또한 자신의 마음을 들여다보고 보살필 수 있는 방법으로도 사용된다.

그런데 내 마음에서 나타나는 것들을 그대로 적는다고 과연 무슨 도움이 될까? 그저 지저분한 쓰레기통을 펼쳐놓는 것과 다를 게 없지 않을까? 나 자신은 참 한심하고 마음에 드는 게 없는데 그런 내 자신을 또 마주해야 한다니! 처음에는 이렇게 회의적인 생각이 들 수도 있지만 조금씩 써내려가다 보면 놀라운 경험이 기다리고 있다. 내가 몰랐던 나를 발견하기도 하고, 쓰다 보면 '생각보다 내가 글을 잘 쓸 수 있구나.' 하는 생각도 들어 재미가 붙기도 한다.

알몸 그대로의 내 자신과 마주하는 것이 처음에는 두려울 수 있지만, 점점 그런 자신과 친해지게 된다. 그저 글로 쓰기만 해도 내 자신을 더 잘 받아들이게 된다. 어디다 하소연할 데 없어 마음이 힘든 사람뿐만 아니라 자신의 잠재력을 발견하고 글 쓰는 순발력이나 창의력을 일깨우는 데도 도움이 되는 방법이다.

▌방법 1_멈추지 않고 물 흐르듯 쓰기

글쓰기를 시작하면 끝날 때까지 멈추지 않고 계속 쓴다. 여기서 중요한 것은 멈추지 않고 쓰는 것이다. 물론 떠오르는 게 없을 때도 있는데, 그럴 때는 앞에 썼던 단어를 반복하거나 '아무 생각도 떠오르지 않는다.'를 무언가 떠오를 때까지 계속 쓴다. 그렇게 쓰다 보면 어느 순간 다른 것이 떠오를 테고 그럼 그걸 쓰면 된다. 다음 예문들을 참고하자.

예문 1

음악 소리가 너무 시끄럽다 줄여달라고 말하고 싶다 손가락 관절이 아프다 아프다 아프다 아프다 아프다 아 발도 아프다 아픈 곳이 많네 하고 생각한다 안경 옆이 간지럽다 간지럽다 간지럽다 간지럽다

예문 2

고개를 돌려 창밖을 보았다 생각이 나지 않는다 생각이 나지 않는다 생각이 나지 않는다 발이 아프다 다리가 간지럽다 아픈 이야기만 쓰니 재미없다는 생각이 든다 생각이 나지 않는다 생각이 나지 않는다 가슴이 답답하다 오토바이 지나가는 소리가 들린다 생각이 나지 않는다 생각이 나지 않는다

멈추지 않고 쓰는 이유는 마음에서 떠오르는 것을 고스란히 허용하기 위해서다. 우리가 글을 잘 못 쓰거나 말을 잘 하지 못하는 이유는 시작부터 너무 많은 생각을 하고, 마음속 떠오르는 것들을 심하게 검열하기 때문이다. 있는 그대로 나타나는 언어들을 허용하다 보면 처음 쓸 때는 난잡한 쓰레기장 같을 지도 모른다.

하지만 점점 그 안에서 언어와 표현들이 태어나고 그들이 스스로 집을 짓고, 자신의 갈 길을 찾아나가는 것을 발견하게 된다.

▌방법 2_알아차림과 호흡, 허용하기

방법 1대로 글쓰기를 하다가 '나는 지금 ○○을 알아차리고 이 생각들에 대해 허용하고 놓아버린다. 나는 잠시 호흡을 알아차린다.'라고 쓰고, 실제로 그 생각들을 놓아버리고 호흡을 알아차리는 시간을 갖는다. 그리고 또 떠오르는 대로 쓴다. 물론 아무 생각이 안 떠오른다면 '아무 생각이 안 떠오른다.'를 쓰면 된다.

이 방법은 자신을 수용하는 데 도움이 된다. 내가 하고 있는 생각들에 대해 허용한다는 말을 적다 보면 자신과 더 친해진 느낌이 든다. 또한 글을 쓰면서 호흡을 알아차리는 것은 여러 모로 도움이 된다. 자신의 생각과 관련된 감정과 몸의 변화를 발견할 수 있어, 머리만 활용하는 것이 아닌 감정과 몸을 함께 통합해가면서 글을 쓸 수 있게 된다.

방법 1과 방법 2 중에서 어떤 것을 선택해야 할지는 그때그때 아무것이나 자신이 원하는 것을 선택할 수 있다. 두 가지 방법을 골고루 해보면서 어떤 차이점이 있는지 발견해보면 좋을 것이다. 처음에는 방법 1로 거르지 않고 쓰는 연습을 하다가, 어느 정도 떠오르는 것을 바로바로 적을 수 있게 될 때 방법 2를 해보는 것도 좋을 것이다.

▌글을 쓸 때 몇 가지 주의할 점

몇 가지 주의할 점이 있다. 첫째, 글을 쓸 때 고치지 않아야 한다. 문법, 철자법, 띄어쓰기 등이 틀리더라도 고치지 않고 계속 써나간다. 앞뒤가 맞지 않고 논리적이지 않더라도 상관하지 않고 계속 글을 써나간다.

글을 쓰다가 이거 너무 두서없는 거 아닌가 하는 생각이 들면 '나는 내가 글을 너무 두서없이 쓰는 게 아닌가 하고 생각하는 것을 알아차린다.'라고 쓰면 된다. 고치는 데 신경을 쓰다 보면 내 안에서 떠오르는 말이 미처 태어나기도 전에 죽어버릴 수 있기 때문에 이상해도 그냥 쓴다.

둘째, 어떤 두려운 생각이나 윤리적이지 않은 생각들도 거르지 않고 쓴다. 만약 내가 문득 앞에 앉은 친구를 칼로 찌르고 싶은 생각이 들었다고 가정해본다면, 이 생각을 글로 옮기는 것은 매우 꺼려지는 일이 될 수 있다. 하지만 우리가 어떤 생각을 하는 것과 행동을 하는 것은 다르다. 사람은 누구나 자신을 건강하게 키워가는 힘이 있다. 오히려 생각은 억누르거나 집착할 때 더 커지는 특성이 있다. 그저 어떤 생각이든지 새나 구름이 지나가는 것처럼 대하고 쓰면 된다. 자신의 어두운 측면들을 허용할 때 우리는 우리의 건강한 측면과 더욱 잘 만날 수 있게 된다.

셋째, 글의 길이는 제한이 없다. 글 쓰는 시간이나 글의 길이는 중요하지 않다. 쓰고 싶을 때 떠오르는 것들을 적어나간다. 단한 줄만 써도 괜찮다. 어떤 때는 석 줄, 어떤 때는 몇 장, 쓰고 싶을 때마다 쓰고 싶은 만큼 쓰면 된다. 꾸준하게, 그리고 스스로에게 친절한 태도로 연습하는 것이 좋다. 다음 예문을 보자.

창밖의 빗소리가 들린다. 나는 지금 문 밖에서 누군가가 왔다갔다 하는 소리를 알아차린다. 나는 지금 타자를 치는 손 오른손가락에 통증이 느껴진다는 것을 알아차린다. 몸에 땀이 난다는 것을 알아차린다. 밖에서 누가 이야기하는 소리가 신경이 거슬린다는 것을 알아차린다. 신경이 거슬린다 신경이 거슬린다. 나는 무엇을 쓸지 몰라 막막하다는 것을 알아차린다. 모르겠다. 모르겠다. 아무 생각이 안 떠오른다. 다시 손가락이 자판을 치고 있는 것을 알아차린다. 앞에 DVD가 한 장 있는데 그것을 보겠다고 생각하고 있는 것을 알아차린다. 컴퓨터 소음이 크게 들린다는 것을 알아차린다. 지금 글을 쓰면서 글을 잘 써야 한다는 생각을 알아차린다. 나는 이 생각들에 대해 허용하고 놓아버린다. 나는 잠시 호흡을 알아차린다(잠시 자신이 어떻게 숨을 쉬고 있는지, 숨이 어떻게 들어오고 나가는지 호흡에 잠시 머물러본다). 이 글쓰기 방법이 많은 사람들에게 좋은 효과가 있다고 소문이 났으면 좋겠다고 생각하는 것을 알아차린다.

▌존재를 허용하는 글쓰기의 힘

나는 이 단순한 글쓰기의 힘을 믿는다. 기교를 배제하고 나타나는 것을 적는 것은 이 세상에 다른 누구도 아닌 나로 존재할 수 있도록 돕는다.

나는 처음 글을 쓸 때 남들이 한 표현에 감탄하고 그들처럼 쓰고 싶어했다. 그러나 그럴수록 나는 그들을 따라갈 수 없었고, 나 자신만 초라해질 뿐이었다. 모방을 해도 그것은 내 머리와 가슴에서 나온 것이 아니었기 때문에 공허함을 지울 수 없었다. 중3 때까지 시인이 되는 것이 꿈이었지만, 내 글쓰기에 절망하다가 포기하고 말았다.

그러다 몇 년이 흐른 어느 날, 나는 운 좋게도 이 글쓰기 방법을 만나서 비로소 내 말을 쓸 수 있게 되었다. 진솔하게 나를 만나고 드러낼 수 있게 되었다. 다른 사람들도 그런 내 글에 대해 좋은 반응을 보여줬는데, 사실 나는 많이 놀라웠다. 기교를 부린 것도 아니고 그저 솔직한 말을 했을 뿐인데 사람들의 반응이 왜 좋을까? 그것은 마치 어린아이가 쓴 글을 읽을 때 사람들이 느끼는 감정과 비슷할 것이다. 상대방의 마음을 알고 싶기 때문에 진솔한 내 글에 좋은 반응을 보여주는 것이 아닐까 싶다.

내 말을 허용하다 보니 내 마음도 함께 허용할 수 있게 되었다. 내게 나타나는 생각, 신체감각, 환경에서 느껴지는 것들, 감정들을 가리지 않고 적다 보니 좀더 나에 대해 알게 되었다. 또 그것을 거르지 않고 쓰다 보니 내 자신에 대해 잘 바라보고 느낄 수 있게 되었다. 이 과정에서 나는 점점 내 존재를 허용하며 받아들이게 되었다.

이 글쓰기는 샘솟는 물을 우물에 가둬두지 않고 바다로 흘려보내는 것처럼 존재를 성장시키는 연습이다. 처음에 그저 작은 호기심으로 몇 줄 적어보면 된다. 그게 하루가 되고, 이틀이 되고, 한 달 두 달이 되면 언어가 샘솟는 구멍이 점점 넓어지고 물도 끊임없이 솟아오른다. 그리고 어느새 거침없이 표현하는 당신을 발견할 수 있을 것이다.

마음 성장을 위한
여가와 취미생활

사람들이 행하는 대부분의 여가활동은 감각체험과 관련이 있다.
감각에 머무르는 시간이 많으면 잡념이 사라져 머리가 맑아진다.

우리는 저마다 다양한 여가생활과 취미생활을 하고 있다. 어떤 이는 노래를 부르고, 어떤 이는 가구를 직접 만들기도 하고, 또 어떤 이는 악기를 연주하거나 산에 오르기도 한다. 자전거를 타고 개천변을 달리거나 카페에서 조용히 책을 읽는 이들도 있다. 그저 집에서 TV를 보거나 가만히 누워 뒹굴거리는 것들도 좋은 휴식 방법이다.

나도 마음의 고통을 이겨내기 위해 내게 맞는 여러 가지 것들을 해봤다. 노래를 부르고, 악기를 연주하고, 날씨가 좋을 때에는 가끔 산에도 오른다. 어떤 때에는 산책을 하기도 하고, 카메라를 들고서 여기저기 사진을 찍을 때도 있다. 이 활동들마다 각기 다른 좋은 점들이 있는데, 어떤 점에서 마음이 편해지는지 생각해 보고 나니 좀더 내게 필요한 것들을 때에 맞게 적절히 할 수 있게 되었다.

　당신도 자신에게 맞는 무언가를 하고 있거나 찾아 헤매고 있을 것이다. 이미 하고 있는 것이든, 앞으로 할 생각이 있든, 각 활동들이 어떤 원리로 도움이 되는지를 알면 내게 더 도움이 되는 것을 선택할 수 있을 것이다.

▎ 즐거움을 느끼게 하는 감각체험

　행복한 삶을 단순하게 표현한다면 긴장이 풀어져서 여유로운 상태라고 말할 수 있다. 이완된 상태에서는 편안함과 즐거움, 만족감이 더 많이 느껴지고 그 순간 우리는 행복하다고 생각한다. 앞에서 생각은 긴장을 유발하고, 여기서 벗어나려면 감각에 머물러야 한다고 설명했는데, 사람들이 취미나 여가생활을 하면서 즐거움을 느끼는 핵심 요소가 바로 이 감각체험이다.

　시각자극을 추구하는 활동 중 대표적인 것이 사진찍기다. 사진을 찍다 보면 자연스럽게 사물을 잘 관찰하게 된다. 공간 배치

행복한 삶을 단순하게 표현한다면
긴장이 풀어져서 여유로운 상태라고 말할 수 있다.
이완된 상태에서는 편안함과 즐거움, 만족감이 더 많이 느껴지고
그 순간 우리는 행복하다고 생각한다. 앞에서 생각은 긴장을 유발하고,
여기서 벗어나려면 감각에 머물러야 한다고 설명했는데,
사람들이 취미나 여가생활을 하면서
즐거움을 느끼는 핵심 요소가 바로 이 감각체험이다.

나 구도에 대해 볼 수 있는 눈이 생기고, 빛의 세기와 각도에 따라 사물이 다르게 보이는 것도 발견한다. 더불어 사진을 찍기 좋은 장소를 찾아다니다 보면 저절로 활동적이 되고, 자연에서 오는 다양한 감각들도 함께 체험하게 된다. 이를 통해 자연스럽게 일상에서도 사람과 사물을 자세히 바라보게 된다. '나'에 대해 생각하거나 관찰을 많이 하게 되면 부정적인 생각에 빠져 불안해지거나 우울해지기 쉬운데, 바깥에 존재하는 것들을 잘 보고 접촉하면 상대적으로 그런 순간이 줄어들게 된다.

청각자극을 추구하는 대표적인 활동은 음악을 듣거나 노래를 부르는 것이다. 소리를 주의 깊게 듣는 것만으로도 긴장이 풀릴 수도 있고, 그 소리 안에 담긴 감정을 만나면 더 깊은 차원에서 체험이 이루어지며 깊이 이완되기도 한다. 이를테면 다른 사람들과 합창을 할 때 '내 목소리가 이상하지 않을까?' 하는 생각을 할 때는 긴장이 심해지고, 내 목소리보다 다른 사람들과 어우러지는 목소리의 울림에 집중하면 긴장이 많이 풀어진다. 울고 싶을 때 울지 못하면 몸에 긴장이 심해지는데 노래를 들으면 좀더 쉽게 울 수 있다. 노래를 부르면 체험하는 감각이 더 많고 호흡도 좋아지는 효과가 있다.

노래를 잘 부르건 못 부르건 우리는 노래를 하기 위해서 심호흡을 한다. 말을 더듬는 사람도 노래를 부를 때는 더듬지 않는데, 이는 숨을 충분히 쉬기 때문이다. 또한 노래를 부를 때는 촉각도 느낄 수 있다. 몸이 진동하는 것을 느끼면서 노래를 하면 더 이완이 잘되고 만족감도 더 높아질 수 있다.

미각자극과 후각자극을 추구하는 대표적인 활동은 아무래도 먹는 것이다. 스트레스를 많이 받을 때 맵거나 신 음식과 같이 강한 자극을 주는 음식을 찾게 되는 것은 그것에 몰두해 있는 동안 다른 것은 좀처럼 생각할 수 없기 때문이다. 한편으로는 평범한 음식을 먹으면서도 강렬한 자극을 느낄 수 있다.

명상에는 여러 가지 종류가 있는데 그 중에는 먹기명상이 있다. 먹을 때 아주 천천히 씹고 혀에서 느껴지는 것을 가만히 느껴 보는 연습을 하는 것이다. 우리가 평범하게 알고 있었던 음식들도 이런 방식으로 먹게 되면 색다른 맛을 느낄 수 있다. 자극적인 음식을 먹지 않아도 깊은 자극을 느낄 수 있어 그러한 음식을 먹을 필요가 없어진다.

촉각을 활용하는 활동도 많다. 우리의 조상들은 이를 생활 속에서 많이 해왔다. 이를테면 방망이로 다듬이질을 하고, 떡방아를 찧거나, 밥을 짓거나 빨래를 할 때 몸으로 직접 했다. 이러한 활동들은 감각접촉 시간을 늘려준다. 그러나 요즘에는 기계가 사람을 대신해 생활은 편해졌지만 정신적인 스트레스를 해소할 기회도 줄어들었다.

이 외에도 감각을 접촉해 스트레스를 해소하는 활동들이 많다. 설거지를 하거나 걸레로 방을 닦는 일, 집을 수리하거나 물건을 고치는 일들도 좋은 스트레스 해소 방법일 수 있다. 자위행위를 하거나 컴퓨터 게임을 하는 일, 방바닥을 여기저기 굴러다니는 행동들도 모두 감각을 느끼고 긴장을 풀려는 노력이다.

▌불안이 심할 때 좋은 활동들

평소보다 마음이 심란하고 안정이 되지 않는다면 자극이 단순한 활동보다는 좀더 빈번하고 강렬한 자극이 있는 활동이 도움이 될 것이다. 많은 청소년들이 게임을 좋아하다 못해 중독에 빠지기도 한다. 그 이유는 여러 가지가 있겠지만, 나는 순간적으로 빠르게 변화하는 다양한 자극들과 조작행위에 대한 즉각적 반응이 중요한 부분이라고 생각한다. 단순한 자극보다는 복합자극, 드문 자극 제시보다는 빈번한 자극 제시가 재미가 있는 것이다. 만약 아이들의 게임중독을 벗어나게 도와주려면 불안의 요인을 줄여주거나 이를 대체할 자극을 고민하는 것이 좋을 것이다.

그래서 런닝머신을 타는 일보다는 운동장을 직접 뛰어다니는 것이 좀더 자극적이고, 그보다는 산에 올라가는 것이 더 감각에 몰입하기 쉬울 수 있다. 기본적으로 산에서는 눈앞에 집중하지 않으면 크게 다칠 수 있기 때문에 저절로 감각에 집중하게 된다.

그리고 혼자서 무언가를 하는 것도 좋지만 다른 사람들과 함께하는 활동들이 집중하는 데 도움이 될 수 있다. 누군가와 같이 여행을 떠나면, 그 사람이 보고 듣는 것들을 함께 경험하면서 감각체험이 확장된다. 대화를 하면서 경험하는 것들을 나누다 보면 더 깊이 음미하고 느끼기 쉽다.

만날 사람이 없고 혼자 집에서 있다면 온갖 쇼를 해볼 수도 있다. 음악을 틀어 놓고 미친 척 막춤을 출 수도 있고, 온갖 신음 소리나 괴상한 소리를 질러대면서 스트레스를 풀어볼 수도 있다. 가끔 동물 소리를 내거나 TV에서 나오는 사람들 목소리를 흉내 내는 사람들도 있다. 하품을 하고 기지개를 켜더라도 요란하게 하면 훨씬 더 시원하다. 나는 하품을 성악가가 발성하듯이 하는데, 이게 꽤 재미있다. 기지개를 켤 때는 아주 울부짖듯이 한다. 엄청 시원하다. 혼자 있을 때는 남 앞에서 하지 못하는 짓을 할 수 있다는 것이 가장 좋은 점이다.

자신감을 회복하는
이미지 트레이닝

공감각적으로 좋은 것을 느끼고 그것과 동일시하면 효과가 크다.
긍정적 생각만을 하는 것보다 더 깊은 차원에서 마음이 확장된다.

자신감을 회복하기 위해 많은 사람들이 스스로에게 주문을 건다. '할 수 있어. 잘할 수 있을 거야.'라고 반복해서 외친다. 이 방법이 효과가 있을 때도 있지만, 잘 안 된다고 느끼는 분들이 더 많을 것이다. 말로는 잘할 수 있다고 하지만 그 외침이 공허하게 느껴지기도 한다.

어떤 사람들은 말에 이미지를 결합해 최면을 건다. 나다니엘 호돈(Nathaniel Hawthorne)의 소설 『큰바위 얼굴』에서 주인공은 큰 바위 얼굴을 보면서 그 마음을 닮으려고 노력한다. 하늘을 많이 본 사람은 하늘을 품고, 바다를 많이 보며 자란 사람은 바다를 마음에 품는다. 산이나 바다와 같은 사람이 되려고 노력한다.

▌마치 그런 것처럼 행동하라

'마치 그런 것처럼 행동하라(act as if).'는 방법이 있다. 내가 원하는 것이 이미 이루어졌다고 상상하고 행동하는 것이다. 운동선수들이 많이 활용하고 있는 방법인데, 이를테면 축구선수가 공을 차기 전에 골대에 이미 공을 넣었다고 상상하고 공을 차는 것이다. 활쏘기를 한다면 과녁에 활을 이미 꽂아넣었다고 상상하고 시위를 당긴다. 어떤 사람은 무대에서 노래를 부르기 전에 이미 노래를 다 불렀다고 상상하면 마음이 편해진다고 한다.

사람들 앞에서 자신감 있는 모습으로 서고 싶다면, 자신감을 가진 사람이 되었을 때 취할 것 같은 자세와 할거라고 상상되는 말을 지금 바로 해보는 게 좋다. 어떤 모습일지 상상이 잘 되지 않는다면 내가 원하는 모습을 가장 많이 닮은 사람을 모델로 따라해볼 수도 있다.

이것은 내게 없는 것을 있는 척하는 것과는 다르다. 우리는 무엇이든 잘 할 수 있는 잠재력이 있다. 다만 해보지 않아서 발현되지 않았을 뿐이다. 평소보다 몸과 마음이 편안할 때 되지 않던 것이 갑자기 잘되는 경험을 해본 적이 있을 것이다. 나도 주변에서 칭찬을 많이 받거나 편안한 자리에서는 음이 올라가지 않던 노래가 갑자기 쭉 올라가서 명가수로 변신할 때가 아주 드물지만 있다.

▌자연환경을 이용한 이미지 트레이닝

자연환경을 이용한 이미지 트레이닝도 쓸모가 있다. 내가 몇 년 전 그룹상담에 참가했을 때였다. 긴장을 많이 해서 버벅거리며 말하기도 하고, 말할 타이밍을 놓쳐 속상해하고 있었다. 그때 한 사람이 내게 다가와서 이런 말을 해주었다.

"당신은 깊고 넓은 바다 같은 사람인데 그게 잘 드러나지 않아서 안타까워요."

순간 그 말을 듣고 얼어붙었던 가슴이 확 녹아내리는 것을 느끼며 전율했다. 그 사람이 말하는 바다의 이미지가 떠오르면서 잊고 있었던 내 넓은 마음과 재회하게 되었기 때문이다. 그 후로 나는 힘들 때마다 바다를 떠올린다. 내 바다에 해초와 물고기들이 헤엄치고 세상 만물이 깃들어 있는 상상을 하면 편안해지고 자신감이 회복되곤 했다.

산이 되거나 나무가 되는 상상도 유용하다. 이를테면 소나무는 바위틈에도 뿌리를 내리고 추운 겨울에도 푸른 잎을 유지해서 강인한 생명력의 상징으로 많이 사용된다. 산에 올라가면 바위가 돌출되어 있는 부분에 다른 나무는 못 자라도 소나무는 자라는 것을 볼 수 있다. 나는 한동안 나를 소나무라고 상상해서 힘을 얻곤 했다. 산에 올라갈 때마다 솔잎 향기를 가슴속 깊이 담아두고는 힘들 때마다 그 향기와 튼튼한 이미지를 나와 동일시하면서 기운을 내곤 했었다.

덩굴식물도 좋다. 호박과 같은 덩굴식물들은 처음에는 잘 자라지 않는다. 나도 모종을 사서 심어놓고 한 달은 뻔질나게 들여다봐도 잘 자라지 않아 답답해했다. 그러다 잎이 몇 개 생기고 나면 어느 순간부터는 밭을 순식간에 뒤덮어버리는 것을 보고 몹시 신기했던 적이 있다. 나는 '아, 나도 쟤처럼 지금 더디게 성장하는 시기일지 몰라. 잘 견디고 나면 어느 순간 폭발적으로 성장할 수 있겠구나.' 하고 마음을 다잡을 수 있었다.

▌다시 날개를 달고 날아가기

다음은 제임스 배리(James Barrie)의 동화 『피터팬』에서 웬디가 엄마와 나눈 대화 내용이다.

"왜 지금은 못 날아요, 엄마?"

"엄마는 이제 어른이 되었기 때문이야, 아가야. 사람들은 어른이
되면 나는 법을 잊어버린단다."

"왜요? 왜 어른들은 나는 법을 잊어버려요?"

"어른들은 이제는 즐겁지도 않고, 순진하지도 않고, 제멋대로도
아니기 때문이야. 명랑하고 순진하고 제멋대로여야만 날 수 있는
법이거든."

이 동화가 말해주는 것처럼 우리들은 어른이 되면서 할 수 있
는 것들을 잊어버리고 산다. 학교를 졸업하고 사회생활을 하면서
가능성에 대해 배우기보다 안 되는 것과 한계를 더 많이 배우게
된다.

현재의 우리나라 교육 과정은 잘해볼 수 있는 시간과 여유를
주기보다는 점수에 급급하게 만든다. 그러다 보니 재능이 있는
아이들도 재미없는 방식의 교육을 받으면서 흥미를 잃는다. 또한
좋은 대학에 가지 못하면 재능이 뛰어난 사람도 기회를 얻기 어
렵다. 미국에서 광고 경연대회를 휩쓸었던 이제석 씨도 지방대를
나왔다는 것 때문에 인정을 받지 못하다가 미국으로 건너가게
되었다고 한다.

누군가 우리의 재능을 발견하고 격려해주지 않더라도, 우리가
하고 싶은 일이 있다면 스스로 최면을 걸어 우리 안에 있는 잠재

력을 일깨울 수 있다. 그렇게 하려면 내가 그걸 할 수 있다는 믿음이 있어야 한다. 자신을 믿기 위해서는 앞에서 소개한 대로 여러 가지 방법들이 도움이 될 것이다. 나는 지금 작은 씨앗일 뿐이기에 다 자란 모습이 보이지 않지만, 언젠가 꽃나무로 자란다는 것을 믿고 하루하루 살아간다면 원하던 대로 꼭 자라나게 될 것이다.

떠오르는 것을
있는 그대로 말하기

떠오르는 대로 말하면 말할 내용이 빈곤할 일은 전혀 없다.
나 자신으로 존재하면서 보다 깊은 수준의 교류가 가능해진다.

많은 사람들이 일대일 상황이나 모임 자리에서 할 말이 없어 부담스럽고 긴장된다고 하소연을 한다. 나도 모임 같은 곳에서 어떻게 말해야 할지 몰라 긴장을 많이 하곤 했는데, 명상가인 그레고리 크레머를 만나 '나타남을 신뢰하기'란 방법을 배우고 나서는 말하는 것에 더 편해질 수 있었다. 그리고 나중에 미국의 유명한 토크쇼 진행자인 래리 킹(Larry King)의 『래리 킹, 대화의 법칙』에서도 비슷한 방법을 발견할 수 있었다. 아소 켄타로가 쓴 『굿바이! 떨림증』에서는 '방송 기법'으로 소개되기도 했다. 이 말하기 방법들의 공통점은 해야 될 것 같은 말을 하는 게 아니라, 지금 이 순간에 떠오르는 것들을 있는 그대로 말하는 것이다.

이 방법으로 말하면 할 말이 떠오르지 않을 일은 거의 없다. 사실 사람들 마음에는 무수한 말들이 태어나길 기다리고 있지만, 할 말이 없다고 느끼는 것은 자신에게 떠오르는 것을 말해도 된다는 신뢰가 없기 때문이다. 이런 말을 해도 되는지, 쓸데없는 말은 아닌지, 두서없는 것은 아닌지 걱정해서 할 말을 거르고 또 거른다. 하지만 나타나는 그대로 마음속 말들을 허용하고 입 밖에 꺼내게 되어도 걱정했던 일은 별로 일어나지 않는다. 상대방에게 상처를 주는 말만 아니라면 오히려 대화가 더 원활해진다. 있는 그대로만 말하기 때문에 뭘 말해야 하는지에 대한 고민이 없어져 편안한 상태에서 대화할 수 있고, 준비 없이 바로 말하기 때문에 순발력과 유연성도 좋아진다.

우리 마음에 떠오르는 것들은 크게 신체감각, 환경자극, 감정, 생각, 욕구 등으로 나누어볼 수 있다. 이 외에도 다른 것들이 있지만 우선은 이 다섯 가지만 알아도 충분하다. 그저 구분 없이 아무것이나 떠오르는 것을 말하자. 마음속에서 어떤 것이 떠오르는지 말하고 표현하는 연습을 하면 이전보다 할 말이 정말 많다는 것을 알게 될 것이다. 우선 여기서는 신체감각, 환경자극, 감정, 생각을 알아차려 말하는 것을 설명할 것이다.

▌신체감각을 떠오르는 대로 말하기

몸에서 느껴지는 것들은 무수히 많다. 입술이 말라 있거나, 목이 칼칼하거나, 눈이 뻑뻑하거나, 어딘가 가렵거나, 가슴이 뛰는 등 실로 많은 감각들을 알아차리고 표현할 수 있다. 우리 조상들은 이 신체감각을 언어생활에서 많이 이야기했다. 이를테면 '소름이 돋는다, 간담이 서늘하다, 애가 탄다, 비위가 상한다' 같은 말들이 모두 몸의 느낌을 표현한 것이다. 후손인 우리들도 그 전통을 이어받아 '손발이 오그라든다' 같은 말을 쓰는데 그저 '슬프다, 무섭다, 민망하다'와 같은 말보다는 이야기를 하는 사람이나 듣는 사람 모두 생생한 느낌이 들어 재미가 있다.

몇 년 전 내가 한 워크숍에 참가했을 때다. 조별로 한 사람씩 나와 발표를 하는데 이 신체감각을 얼마나 표현했느냐에 따라 청중들이 웃기도 하고 웃지 않기도 했다. 별로 웃기지 않은 사람들은 그저 "앞에 서니까 긴장이 많이 되네요."라고 했고, 많이 웃긴 사람들은 '심장이 벌렁벌렁하다, 심장이 배 밖으로 튀어나올 것 같다, 숨이 멎을 것 같다.' 등 신체감각을 생생하게 표현한 사람들이었다. 신체감각을 개방하면 상대방도 그런 경험이 있기 때문에 자신이 표현한 것과 같은 느낌을 받는다. 그래서 서로 긴장감이 툭 하고 풀어지게 되어 웃게 되는 것이다.

또 신체감각에 대한 개방은 듣는 사람으로 하여금 자신의 몸도 살펴보게 하는 효과가 있다. 누가 졸리다고 말하면, 다른 졸린 사람도 그 표현을 할 수 있다. "아, 졸려." 하고 "나두!" 하면서 비슷한 감각을 말하면 공감이 되고 웃음이 나올 수 있다. 그렇다고 꼭 재미있어야 할 필요는 없다. 어깨가 뻐근하다면 "아, 신경을 많이 썼더니 어깨가 뻐근하네. ○○씨는 안 피곤하세요?"라고 서로의 몸 상태를 표현하며 알아가는 것으로도 충분하다.

▌ 환경자극을 알아차려 말하기

우리 주위에는 수많은 자극들이 존재한다. 보이는 것, 들리는 것, 냄새, 맛, 촉각들이 우리가 선택해주기를 기다리고 있다. 데이트를 하는 남녀가 길을 걷는다고 해보자. 이때 꼭 의미가 있거나 재미있는 말을 해야만 하는 것은 아니다. 파란 하늘이 눈에 들어오면 "아, 하늘이 파랗네요. 오늘은 구름이 한 점도 없어요. ○○씨는 맑게 개인 하늘을 좋아하세요?"라고 말하거나, "아, 바람이 시원하네요." 하고 혼잣말을 할 수도 있다.

별다른 특별한 말을 하지 않더라도 주변에 존재하는 것 중 관심 있는 것들을 연속적으로 말해도 대화가 된다. 풍경이 아름다운 곳이라면 그런 말들을 하기가 더 쉬울테고, 풍경이 아름답지 않더라도 주변에 존재하는 것들에 대해 무엇이든 말할 수 있다.

나는 지금 카페에 앉아서 글을 쓰고 있다. 원목 탁자의 냄새가 향긋해 마음을 차분하게 만든다. 커피가 담긴 찻잔의 색깔도 은은한 우윳빛이라 부드러운 느낌이 든다. 조명이나 나오는 음악에 대해서도 이야기할 수 있다. 다른 좌석에 앉은 사람의 헤어스타일과 패션도 눈에 들어온다. 서가에는 책들이 많은데 책 제목마다 다른 필체들이 눈에 들어오고, 책의 두께나 디자인도 흥미롭다. 이처럼 작은 공간 안에서도 대화를 나눌 수 있는 것들이 무수히 많다.

환경을 알아차려 말하는 것에는 좋은 점이 여러 가지가 있다. 주위 환경에서 일어나는 것들을 알아차림으로써 우리는 다양한 감각체험을 할 수 있고, 그것을 서로 나눌 때 혼자서는 경험하지 못했던 것을 알게 되고 서로의 세계가 풍요로워지게 된다. 또한 환경의 변화를 잘 알아차리는 힘은 대인관계로 확장된다. 상대방이 보여주는 표정이나 감정의 변화도 잘 알아차릴 수 있어 타인과 관계를 맺는 데 도움을 준다.

▌생각을 알아차려 말하기

생각을 알아차려 대화에 포함하는 것은 가장 어려운 일이다. 신체감각이나 환경을 알아차리는 것은 자극이 분명해 알아차리

우리는 신뢰를 쌓아갈 수 있고,
좀더 깊은 차원에서 교류가 가능해진다.
마음의 문을 닫고 적당한 거리를 유지하면서 만날 수도 있지만,
위험부담이 있더라도 마음을 열고 서로 믿으며 만나는 진실한 관계로 가는 것이다.
가장 어려운 말하기 방법일 수 있지만 가장 간단하고 쉬운 방법이다.

기 쉽지만, 생각은 빠르게 지나가버려서 알아차려 이야기하기 어려울 수 있다. 프로이트는 발견하기 어려운 생각을 무의식이라고 했지만, 게슈탈트 치료에서는 알아차릴 수 있는 생각이라고 본다. 명상을 하는 사람들은 마음 알아차림을 지속하다 보면 전에는 알아차리지 못하던 많은 것을 발견할 수 있다고 한다. 당신도 명상을 꾸준히 한다면 큰 도움을 받을 수 있을 것이다. 또 굳이 명상을 하지 않더라도 잠시 멈추어 나를 살펴보면 내가 무슨 생각을 하고 있는지 발견할 수 있다. 누구나 한 번쯤은 '잠깐, 지금 내가 무슨 생각을 하고 있지?' 하며 마음을 살펴본 적이 있을 것이다.

나는 지금 이 글을 쓰면서도 내가 너무 읽기 힘들거나 지루하게 느껴지도록 쓰고 있는 게 아닐까 하는 생각을 알아차린다. 말을 할 때도 '내가 너무 두서없이 이야기하나?' 하는 생각도 알아차리곤 한다. 이렇게 당신은 이미 많은 순간 자신이 속으로 하는 생각들을 발견한다. 바로 그 생각을 대화에 포함시킬 수 있다. 그룹상담을 진행하면서 이런 생각들을 여과 없이 말해보도록 지도하는데, 사람들이 걱정하는 일은 거의 일어나지 않고 오히려 반응이 좋았다. 솔직한 생각을 개방하는 경우 대개 듣는 사람은 시원하고 재미있어 한다.

솔직한 생각을 말하는 상황 중 하나는 장례식장 상황이다. 조문을 갔는데 뭐라고 위로해줘야 할지 모를 때가 있다. '뭐라고 말해야 하지?' 적당한 생각이 떠오르지 않는다. 그래서 많은 이들이 이렇게 말한다. "아, 이거 뭐라고 위로해드려야 할지 모르겠어요."라고 말이다. 어설프게 위로하거나 아예 위로하지 않는 것보다, 위로하고 싶은데 뭐라고 말해야 할지 모르겠다고 말하는 것이다.

친구의 힘든 이야기를 듣고 나서도 똑같은 말을 할 수 있다. 대화를 하다가 갑자기 생각이 안 날 때도 아무 말 없이 생각해내려고 전전긍긍하기보다는 "아, 갑자기 잊어버렸어요." 하고 말하면 사람들도 웃고 나도 마음이 가벼워진다.

▌감정을 알아차려 말하기

많은 사람들이 자신의 생각을 주로 이야기한다. 그런데 자신의 생각만 이야기하다 보면 대화가 건조해지고 마치 흑백영화를 보는 것과 같이 단조로워질 수 있다. 감정은 흑백 화면에 색을 입히는 것과 같아서 대화를 생생하고 가슴에 와닿게 만들어준다.

친구가 슬픈 이야기를 할 때 그저 내 생각만을 이야기할 수도 있지만 "네 이야기 들으니까 나도 슬프네."라고 하거나, "네 이야기를 듣는데 기분이 참 안 좋네. 듣는 나도 이런데 너는 오죽 안 좋겠니?"라고 한다면 친구는 자신의 감정을 공감받는 느낌이 들

것이다.

또한 감정은 음악의 선율과도 같아 서로 이야기를 나누다 보면 같이 고조되어 몸과 마음에 울림이 생긴다. 친구가 기뻐할 때 "네가 기뻐하니까 나도 참 기쁘다."라고 말하면 기쁨이 고조된다.

섬세한 감정을 알아차리지 못하더라도 괜찮다. 그저 누군가의 이야기를 듣고 마음이 좋다 안 좋다 정도로만 표현해도 된다. "네 이야기를 들으니까 참 마음이 안 좋네." "그 이야기를 들으니 마음이 불편해요." 같이 좀더 넓은 범위의 단어를 선택해서 감정을 표현하는 것이 표현하지 않는 것보다 낫다.

▎떠오르는 대로 말하기가 신뢰로 이어진다

떠오르는 대로 말하는 것은 기본적으로 내 자신의 말을 신뢰하는 것이다. 거르지 않고 표현하는 것은 마음에서 태어나는 언어를 존중하고 수용하는 것이다. 그 언어에 담긴 마음을 외면하지 않고 있는 그대로의 자신으로 존재하는 것이다. 물론 거르지 않고 표현하다 보면 실수를 할 수도 있다. 그러나 떠오르는 대로 말하기는 그 실수조차 허용하는 것이고, 실수를 통해 뭔가를 배울 수 있다는 것을 믿는 것이다. 실수를 하지 않기 위해 나를 불신하며 내 마음을 억누르는 것이 아니라, 실수를 허용하며 배우고 성장하는 나를 믿는 과정이다.

떠오르는 대로 말하는 것은 상대방을 믿는 것이기도 하다. 내 작은 실수에 대해 상대가 크게 오해하지 않을 거라 믿는 것이고, 편협하게 생각하고 판단하지 않을 거라 믿는 것이다. 상대방의 지성과 감성을 믿고 상대방의 이해심과 아량을 믿을 때, 우리는 마음 편히 있는 그대로를 이야기할 수 있다. 그도 나처럼 실수할 수 있는 인간이며, 나처럼 숨기고 싶은 마음도 있지만 솔직하게 이야기하고 싶은 욕구가 있는 사람이라는, 즉 나와 똑같은 사람이라는 것을 믿는 것이다.

이런 과정을 통해 우리는 신뢰를 쌓아갈 수 있고, 좀더 깊은 차원에서 교류가 가능해진다. 마음의 문을 닫고 적당한 거리를 유지하면서 만날 수도 있지만, 위험부담이 있더라도 마음을 열고 서로 믿으며 만나는 진실한 관계로 가는 것이다. 가장 어려운 말하기 방법일 수 있지만 가장 간단하고 쉬운 방법이다.

노력하지 않아도
사람들을 웃기는 법

상대가 자신의 두려움을 폭로하면 내 긴장도 덩달아 풀린다.
사람은 급격히 긴장이 풀리면 웃음이나 눈물이 나오게 된다.

많은 이들이 유머러스해야 한다는 부담감이 있다. 뭔가 재미있게 말을 해야 할 것 같은데 무슨 말을 해야 하고, 어떻게 해야 할지 몰라 전전긍긍한다. 때로는 어디서 들은 재미있는 이야기를 외워서 말하거나 과장해서 말하는 무리수를 두기도 한다. 그렇게 해서 재미있으면 다행이지만, 대개는 잘 웃기지 못해 상황은 더 어색해지고 수습하기 어려워지게 된다.

내담자들 중에서도 자신은 재미없는 사람이라고 생각하는 분들이 많다. 그런데 정말 재밌는 것은 그들이 나를 많이 웃긴다는 것이다. 남을 웃기고 싶어하지만 정작 상대방을 웃길 때는 자신이 웃겼다는 사실을 알아차리지 못한다. 심한 경우는 남들이 자신을 비웃는다고도 생각한다. 또 자신이 웃겼다는 것을 아는 경우에도 매우 어리둥절해한다. 자신이 별로 웃긴 말을 한 것 같지 않은데 사람들이 웃으니 참 이상한 것이다. 그렇다면 그들은 어떻게 웃었을까? 어떻게 해서 자신이 웃기는지도 모르고 웃게 되었던 걸까?

나는 이 질문에 답하기 위해 유머 관련 책들도 읽어보고, 그룹 상담에서 사람들이 서로 어떻게 웃기고 웃는지도 관찰해보았다. 그리고 유머에 일가견이 있는 소일교회 김창호 목사님과의 대화를 통해서도 도움을 받았다. 물론 이 노하우들은 노력하지 않고 누구나 하고 있고 할 수 있는 것들만을 포함했다.

▌노력하지 않아도 되는 웃음의 심리학

웃음의 첫 번째 원리는 공감이다. 사람들의 대화를 관찰해보면 서로 공감이 될 때 얼굴이 환해지면서 웃는 것을 볼 수 있다. 같은 고향 사람이나 학교 동창을 만날 때, 혹은 여행을 다녀온 장소가 같을 때 우리는 반가움을 느끼면서 얼굴에 미소를 짓는다. 또한 비슷한 경험을 하고 있을 때도 웃게 된다. 이를테면 친구끼리 집안 사정을 이야기할 때, 처음에는 조심스럽다가 마침 서로가 비슷한 사정임을 알게 될 때 안심을 하면서 긴장이 풀리는 것처럼 말이다. 말하기 두려워서 긴장을 많이 한 이야기일수록 상대방에게 이해받고 공감받을 때 안심이 되고 긴장이 급격히 풀려 웃음이 터져 나오기도 한다.

두 번째로 웃음은 폭로에서 나온다. 누군가 방귀를 뀌었을 때 그 사람이 "내가 방귀 꼈지롱~" 하고 말하면 다들 웃는다. 냄새에 야유를 보내지만 속으로는 재미있어 한다. 사람은 누구나 자신의 방귀를 비밀로 하고 싶은 마음도 있고 그것을 솔직히 드러내고 싶은 마음도 있는데 누군가가 폭로해 이야기하면, 다른 사람들도 자신의 마음속 비밀을 터뜨린 것처럼 느끼면서 함께 긴장을 풀게 되는 것이다. 긴장이 풀리면 웃음이나 눈물이 나온다.

세 번째 원리는 의외성이다. 내담자들이 "제가 말을 잘 못하면 선생님이 저를 이상하다고 생각하실 거 같아요."라고 말하는 경우가 많다. 그럼 나는 대번 웃음이 나온다. 왜 웃었을까? 그것은 전혀 해보지 못한 생각이기 때문이다. 황당해서 웃었다고나 할까? 만약 내가 정말 그들을 이상하게 생각하고 있었다면 도저히 웃을 수 없었을 것이다. 마음이 들킨 것 같아서 얼굴이 빨개졌을 것이다. 아이들이 상황이나 사물에 대해 신선한 시각으로 이야기하면 어른들이 웃음을 터뜨리는 것과 같은 원리다.

네 번째로 상대방이 웃으면 나도 웃게 된다. 상대방이 미소를 지으면 나도 미소 짓게 되고, 웃으면 같이 웃게 된다. 그래서 웃음치료에서는 두 사람을 마주 보게 하고 그냥 웃어보라고 시킨다. 그러면 웃을 일이 없는데도 상대방의 웃는 얼굴이 웃겨서 웃게 된다. 그래서 김창호 목사님은 유머는 웃기는 능력이 아니라 웃을 수 있는 능력이라고 했다.

다섯째, 웃음은 인간에 대한 이해와 애정, 그리고 여유에서 나온다. 손녀가 떼를 쓰고 앙탈을 부리면 할아버지는 너털웃음을 터뜨린다. 어지간히 잘못하지 않으면 할아버지 눈에는 손녀가 귀엽게 보이고 사랑스럽게 보이는 것이다. 꼭 나이가 많지 않더라도 어느 한 부분에 경험이 많은 사람은 경험이 적은 다른 이의 눈에는 크게 생각되는 일도 그저 재밌는 일로 볼 수 있고, 웃을 수 있게 된다.

▌웃기려면 솔직해야 한다

앞에서 말한 웃음의 원리들은 특별한 훈련 없이도 할 수 있는 유머다. 코미디언들의 유머에는 고차원적인 애드립도 있지만, 이렇게 쉬운 원리로 사람들을 웃길 때가 많다. 다만 이렇게 웃기려면 솔직해야 한다. 상대방을 믿고 내 마음을 열어 말을 할 때 웃길 수 있는 것이다.

솔직한 사람은 내가 솔직하게 이야기해도 상대방이 싫어하지 않을 거라는 것을 안다. 내가 두려운 것을 상대방도 두려워한다는 것을 알고, 내가 창피하게 느끼는 부분이 있는 만큼 상대방도 창피한 경험이 있다는 것을 안다. 그래서 남들은 감추는 이야기도 쉽게 하면서 함께 웃을 줄 안다.

결국 유머러스한 사람이 되려면 자기 자신이 되어야 한다. 웃기려는 노력을 포기하고 그저 있는 그대로를 말할 때, 어린아이처럼 솔직히 말하고 반응할 때 당신은 어느덧 잘 웃고 또 남을 웃기고 있는 자신의 모습을 발견할 것이다. 아마 대화할 때 당신이 상대방 얼굴을 잘 관찰한다면 자신도 제법 웃기고 있음을 발견할 수 있을 것이다.

감정과 욕구를
잘 알아차리는 법

욕구를 잘 알아차리려면 감정을 알아차리는 것이 필요하다.
감정을 잘 알아차리려면 몸의 느낌을 알아차리는 것이 필요하다.

Part 1에서 언급한 욕구와 감정을 잘 알아차리는 방법을 소개
하고자 한다. 감정과 욕구를 알아차리는 것은 여러 가지 이유로
매우 중요하다. 그것은 대부분의 심리적 문제가 자신의 감정과
욕구를 알아차리거나 해소하지 못하는 데서 오기 때문이다. 이를
테면 우울증은 게슈탈트 치료에서 반전된 분노로 본다. 즉 타인
에 대한 분노감정을 잘 접촉하지 못하고 그것을 자신에게 돌리
는 데서 온다고 보는 것이다.

욕구를 알아차리는 것은 심리적 문제를 해결하거나 예방하는

데 필수적이면서 인생의 방향을 알려주는 나침반 역할을 한다. 청소년들이 자신의 욕구를 잘 몰라서 어떤 진로를 선택해야 할지 어려워한다. 반대로 욕구를 잘 알아차리고 적절하게 해소하는 사람은 자신이 원하는 것을 하면서 분명하고 생생한 삶을 살아가게 된다.

▌욕구를 잘 알아차리는 방법

김정규의 『게슈탈트 심리치료』에는 다음과 같은 방법이 나와 있다. 당신은 지금 이 순간 4~5가지의 "나는 지금 ○○을 하고 싶다."라는 문장을 써볼 수 있다. 이때 중요한 것은 추상적인 표현을 하지 않는 것이다. 가령 '나는 사랑받기를 원한다.' '나는 존경받기를 원한다.' '나는 성공하고 싶다.' '나는 좋은 남편이 되고 싶다.' 등의 표현은 추상적이어서 우리가 어떤 행동을 취해야 할지 알 수 없다. 김정규는 지금 여기에서 내가 원하는 것이 무엇인지를 알아차리는 게 중요하다고 했다. 이를테면 '나는 지금 좀 쉬고 싶습니다.' '나는 지금 바람을 쐬러 나가고 싶어요.' '나는 지금 분통을 터뜨리고 싶습니다.'와 같이 지금 여기의 욕구에 초점을 맞추게 되면 구체적이고 실존적인 현상들에 주의를 집중할 수 있고, 행동에 분명한 방향성이 생기게 된다고 했다.

같은 책에 비비안과 스탠 부부의 사례가 나온다. 이들 부부는 폴스터라는 상담가의 부부치료에 참가하게 된다. 비비안은 남편 스탠이 자기를 존중해주지 않는다고 말했고, 스탠은 아내 비비안이 자기를 이해심 있게 대해주지 않는다고 불평했다. 이에 치료자가 두 사람에게 각자 자신들의 욕구를 구체적으로 분명하게 표현하도록 요구했더니 다음과 같은 사실이 밝혀졌다.

비비안은 스탠이 집에 돌아오자마자 낮에 있었던 일들을 떠드는 대신 아내의 기분이 어떤지 느끼고 이해해주기를 바랐고, 스탠은 스탠대로 자기가 어떤 고충을 털어놓으면 이렇게 저렇게 하라는 등의 충고 대신 자신의 말을 좀 이해심 깊게 들어주었으면 좋겠다는 말을 했다. 이렇게 각자의 욕구가 분명해지자 그들은 서로의 욕구에 대해 분명히 알게 되었다. 따라서 효과적인 의사소통과 더불어 욕구해소도 가능하게 되었다.

▍감정을 잘 알아차리는 것

욕구를 잘 알아차리려면 감정을 알아차리는 것이 필요하다. 또한 감정을 잘 알아차리려면 몸의 느낌을 알아차리는 게 필요하다. 감정은 몸에서 느껴지는 것이기 때문이다. 몸의 느낌을 잘 느끼기 위해서는 호흡이 중요한데, 숨을 내쉴 때 몸의 감각을 알아차리는 것이 더 효과적이다. 앞에서 소개한 신체감각 알아차림이 감정을 발견하는 데 도움이 될 것이다.

또 하나의 방법은 감정단어 목록을 활용하는 것이다. 목록을 보면 지금 어떤 감정을 느끼고 있는지 알아차리기 쉬울 수 있다. 아이들 교육에도 이 감정단어를 활용하는 것이 큰 도움이 된다. 아이들은 어휘가 부족해서 자신의 감정을 잘 알아차리거나 표현하지 못하는데, 이 감정단어를 많이 알고 있으면 스트레스에 대처하거나 의사소통을 할 때 큰 도움이 될 것이다.

다음은 감정단어 중 즐거운 감정의 단어들이다.

즐거운 감정단어

반갑다, 놀랍다, 새롭다, 기쁘다, 고맙다, 친근하다, 정답다, 훈훈하다, 포근하다, 행복하다, 뿌듯하다, 흐뭇하다, 벅차다, 감동스럽다, 신기하다, 경이롭다, 오묘하다, 즐겁다, 우습다, 재미있다, 유쾌하다, 상쾌하다, 가볍다, 시원하다, 홀가분하다, 활기차다, 신나다, 흥분되다, 자랑스럽다, 든든하다, 좋아하다, 사랑하다, 흥미롭다, 편안하다, 여유롭다, 수줍다 등('감정단어 카드' 중에서 일부 발췌, 게슈탈트 미디어)

감정단어를 활용하는 방법은 여러 가지가 있는데, 목록에서 살펴보고 자신이 느끼는 기분에 해당하는 것이 있는지를 살펴본다. 그냥 내 기분이 어떤지를 느껴보는 것보다 훨씬 더 쉽게 내 감정을 알아차릴 수도 있다. 그리고 두 명이 한다면 게임처럼 감정단어 카드를 만들어 하나씩 뽑아가면서 서로가 그 감정을 느꼈던 때에 대해 이야기를 나눠볼 수도 있고, 다섯 장을 무작위로 뽑아서 그 중에 최근에 느꼈던 감정이 있었는지도 이야기해볼 수도 있다. 감정단어 카드나 감정단어장을 구입하려면 게슈탈트미디어(www.gestaltmedia.co.kr)에 문의하면 된다.

그림을 그리며 감정을 알아차리는 방법도 있다. 현재의 기분에 맞는 색을 고르고 점이나 선, 면, 도형 등으로 자유롭게 표현해본다. 그리다가 기분이 바뀌면 다른 색으로 바꾸어서 표현하면 된다. 뭔가를 그린다는 생각보다 기분대로 낙서한다고 생각하면 더 쉽다. 그림으로 기분을 표현하면 언어적으로 알아차린 것보다 훨씬 더 생생하게 감정에 접촉할 수 있게 된다. 색채와 형태, 진하고 연한 정도를 통해 감각적으로 느낄 수 있어 좋다.

▌감정과 욕구를 알아차리기 어려운 경우

감정과 욕구를 쉽게 알아차리는 사람이 있는가 하면, 알아차리기 어려워하는 사람도 있다. 사고가 발달된 사람이나 심한 스트레스로 인해 감정이나 욕구를 억압한 사람은 알아차리기 어려울 수 있는데, 이 경우 신체감각 알아차림부터 하는 것이 좋다.

　만약 무언가를 해야 한다는 게 부담스럽다면 길을 가다가 한 번쯤 숨을 들이 마시고 내쉬면서 '내가 지금 기분이 어떻지? 몸의 느낌은?' 하고 살펴봐도 좋다. 아주 가끔씩 하더라도 계속 하다 보면 어느새 자신의 감정과 욕구를 알아차리는 순간이 반드시 올 것이다.

화가 난 사람들 이야기를 들어 보면,
마음의 상처가 상대방으로 인해 생겼다기보다
자신이 스스로 아프게 하고 있는 게 아닐까 하는 생각이 들 때가 있다.
어떤 이는 상대방이 퍼부은 폭언에도 별로 상처를 받지 않는데,
또 다른 어떤 이는 치명적인 상처를 입는다.

화를 제대로
다스리는 법

감정조절을 못하는 게 아니라 감정조절을 너무 해서 문제다.
그 화가 말하는 것이 진정 무엇인지 유심히 귀를 기울여야 한다.

　살다 보면 화나는 일이 참 많다. 화가 나도 화가 났다고 말할 수 있으면 다행이지만, 참고 또 참아야 하는 일이 많다. 그렇게 살다 보면 우울해져서 소위 말하는 화병이 생기거나, 반대로 '욱' 하고 터져 나오게 된다. 마치 압력밥솥 증기 배출구를 막아 놓고 밥을 지으면 뻥 하고 터지는 것처럼 아무리 인내심 강한 사람도 참는 데는 한계가 있는 법이다. 내게 찾아오는 사람들은 자신은 화를 잘 참지 못한다고 말하지만, 어떤 측면에서 보면 화를 못 참아서 문제가 되는 것이 아니라 화를 너무 참는 게 문제라고 볼 수 있다.

화나는 일은 막기 어렵지만 화났을 때 좀더 지혜롭게 대처할 수는 있다. 자신이 어떤 부분에서 예민하고 또 어떤 순간에 폭발할 지경이 되는지를 잘 알아차릴 수 있다면 문제가 생기기 전에 멈출 수 있을 것이다. 상황을 잘 살필 수 있다면 자신이 오해하고 있는 부분을 줄이고 화가 나지 않게 될 수도 있다. 또한 화가 난 후에 아픈 몸과 마음을 잘 다스려서 예민한 부분을 줄일 수도 있을 것이다. 더 나아가 화를 적절하게 표현한다면 관계 개선에 도움이 된다.

▌스스로 상처를 만드는 행동을 중단하기

화가 난 사람들 이야기를 들어 보면, 마음의 상처가 상대방으로 인해 생겼다기보다 자신이 스스로 아프게 하고 있는 게 아닐까 하는 생각이 들 때가 있다. 어떤 이는 상대방이 퍼부은 폭언에도 별로 상처를 받지 않는데, 또 다른 어떤 이는 치명적인 상처를 입는다. 이러한 것을 보면 그 상처의 일정 부분은 개인이 겪어온 역사와 그를 둘러싼 배경과 관련이 있다는 생각이 든다.

정아는 친구와 싸우고 나서 자신이 못났다는 생각에 빠지게 되었다. '내가 좀더 잘났더라면 이런 꼴을 당하지 않았을 텐데.'

라고 생각하면서 상대방이 나를 무시했다는 생각에 사로잡혀 분노가 더욱 커지게 되었다. 정아는 상대가 그렇지 않은 경우에도 자신이 무시당한다는 느낌을 받을 때가 많았는데, 이것은 그녀가 살아오면서 그런 경험이 많았기 때문이었다. 그녀는 과거처럼 무시당하지 않기 위해 그렇게 하는 것이었지만, 그로 인해 상대방이 단순한 실수를 한 것에도 더 상처받게 되었던 것이다.

상대방이 화나게 만드는 경우도 있지만 정아처럼 자신 스스로 상황을 오해해서 화가 나는 경우도 많다. 이럴 때는 자신이 하고 있는 생각을 알아차리고 새로운 시각으로 바라봄으로써 화가 나는 과정을 멈출 수 있다. 내가 무시당하는 것에 예민하다는 것을 알고 있다면, 상대방이 실제로 나를 무시한 것인지, 아니면 다른 의미인지에 대해 상대방 입장에 서보거나 다른 사람들이나 당사자와 대화를 함으로써 확인해볼 수 있을 것이다.

▌강렬하게 솟구치는 화를 다스리는 법

강렬하게 솟구치는 화를 잘 다스리지 못하면 나 자신도 해치고 타인도 해치는 폭탄이 될 수 있다. 이런 화를 다스리는 방법은 첫째, 우선 심호흡을 하면서 화를 다스려야 한다. 틱 낫한 스님이 저서 『화』에서 걷기명상을 할 것을 권하기도 했는데, 화난 자리에서 벗어나 걷다 보면 마음도 진정되고 여유가 생겨 대화를 더 잘할 수 있게 된다고 한다. 또한 자신의 마음을 살펴보고 다른 사람과 충분히 이야기한 후에 상대방에게 표현할 부분과 자신이 스스로 다스려야 할 부분을 구분하는 것이 좋다. 이 과정에서 글을 써보는 것도 도움이 된다. 글로 감정과 생각을 적다 보면 차분히 정리가 되고 명료해진다.

화가 폭발하기 전에 자신이 얼마나 화가 났는지를 살펴보는 것도 도움이 된다. 가장 화가 적게 나는 1점부터 극도로 화가 나는 정도를 7점이라고 가정해보자. 6점에서 내가 폭발한다고 하면, 4~5점 정도로 화가 났을 때 알아차리면 일단 그 상황을 중단할 수 있다. 잠시 심호흡을 하며 마음을 가라앉힐 수도 있고, 상대방에게 내가 얼마나 화가 났는지 알리고 대화를 중단할 것을 요청할 수도 있다.

▌아픈 마음을 어루만져주기

"안녕, 네가 거기 있다는 걸 잘 알아. 널 달래주기 위해 긴 호흡을 시작할 거야. 숨을 깊게 들이쉰다… 내 안에 네가 있다는 걸 알아. 숨을 내쉰다. 이제 너를 달래줄게."

틱 낫한 스님의 『비움』에 나오는 내용이다. 화는 몸에 열을 발생시켜 몸의 긴장을 풀어주기 때문에 꾹 참는 것보다 그것을 잘 활용하는 것이 좋다. 화가 나 몸이 뜨거워진다면 숨을 들이마시고 내쉬면서 그 열기를 온몸에 퍼지도록 하는 것이 좋다. 어딘가 답답하고 긴장되어 있다면 숨을 내쉬면서 뜨거운 열기를 그쪽으로 보내 어루만져주는 상상을 해보는 것도 도움이 된다. 손으로 가슴을 쓸어내리면 아픈 곳이 잘 풀어질 수 있다.

화가 난 상대에게 직접 화났다고 표현하기 어려운 경우 자신이 느낀 감정과 그 배경에 대해 다른 이에게 말하면 된다. 이때 초반에는 충고나 조언을 해주는 사람보다는 자신을 이해해주고 공감해줄 수 있는 사람이 좋다. 말하는 요령도 중요한데, 화난 감정과 그 당시 했던 생각을 이야기하는 것이 좋다. 상대방이 이해해주고 공감해주면 이 과정에서 상처받은 마음은 많이 풀어진다.

▌화를 표현하고 관계를 개선하기

화를 푸는 가장 좋은 방법은 직접 상대방과 대화를 나눠보는 것이다. 이때 화가 너무 난 상태에서는 숨을 돌리고 마음에 여유가 생겼을 때 하는 것이 좋다. 꼭 언성을 높여야만 화가 난 상태를 잘 전달할 수 있는 것이 아니다. 물론 화났는데 웃으면서 말한다면 상대방이 내가 얼마나 화났는지 모를 수 있기 때문에 화를 숨길 필요는 없다.

상대에게 내가 화가 났다는 것을 알릴 때는 '나 대화법'을 사용하는 게 좋다. "네가 이렇게 해서 내가 화가 났어."라고 말하는 것은 책임을 상대방에게 전가하는 것이기에 상대방과 관계를 악화시킬 수 있다. 반대로 나를 주어로 해서 말하는 것은 내 생각과 감정에 내가 책임이 있다는 것이기에 상대도 받아들이기가 좋다. 말을 시작할 때 "내 생각에" "내가 느끼기에" "내가 지각하기에" 등 이런 말들로 시작해보는 것이 좋다.

먼저 화가 난 상황에 대해 말을 할 때 한 번에 한 가지만을 이야기하는 것이 좋다. 여러 가지를 묶어서 말한다면 상대방이 기억하지 못하고 말하는 사람도 혼란스러워진다. 그리고 무엇에 화가 났는지 구체적으로 말하지 않으면 상대방이 어떤 대목에서 무엇 때문에 화가 났는지 알지 못할 것이다.

그다음에는 "내 생각에"를 붙이고 어떤 생각이 들어 화가 났는지 구체적으로 말하는 것이 좋다. 그냥 무작정 화났다고 이야기한다면 아마도 상대방은 내 마음에 대해 잘 이해하지 못할 것이다. 화가 났을 때 어떤 생각이 들어서 화가 났는지 말한다면 상대방이 오해라고 말할 수 있고, 자신이 무엇을 잘못했는지 깨달을 수도 있다.

또한 어떤 사람은 생각만 이야기하고 감정을 표현하지 않는데, 그러면 상대방 역시 공감하기 어렵다. 다음 예문에서 생각을 빼거나, 감정을 빼면 무언가 부족한 느낌이 들고 전달이 잘 안 될 것이다.

"네가 내게 그 말을 하니까 날 무시한다는 생각이 들어 몹시 섭섭하고 화가 났어. 난 네가 날 그렇게 보지 않을 거라고 생각했는데, 그런 말을 듣고 나니까 기대가 무너지는 것 같고 배신감을 느껴."

마지막으로 내가 바라는 것을 이야기하는 것이 중요하다. 바라는 것을 이야기하면 대화의 방향성이 생긴다. 그저 과거 이야기로만 끝난다면 마음이 힘들고 서로 어떻게 해야 할지 모를 수 있다. 어떤 말을 하지 말았으면 좋겠다든지, 앞으로 이렇게 해주었으면 좋겠다는 이야기를 하면 상대방도 좀더 관계 개선에 대해 생각해볼 수 있을 것이다.

이렇게 서로 화나는 부분을 대화해나가는 과정에서 사람과 사람 사이에 비로소 건강한 경계가 형성된다. 상대에게 너무 화를 내면 상대방이 내게 가까이 올 수 없고, 너무 표현을 하지 않으면 상대방이 내 울타리 안쪽까지 들어와서 상처를 줄 것이다. 화나는 표현을 적절히 하면 상대방도 나를 더욱 존중하고 마음이 편할 것이다.

내가 표현하면 그도 표현할 수 있고, 서로의 마음이 어떤지 모르는 상태에서 불안하게 지내는 것보다 서로를 이해하면서 존중해줄 수 있는 관계로 나갈 것이다. 싸우지 않는 관계보다 싸우면서 성장해나가는 관계가 더욱 돈독한 관계가 될 수 있다.

▎상대방을 이해하고 연민의 감정을 갖기

마지막으로 우리에게는 상대방을 이해하고 연민의 감정을 느끼는 것이 필요하다. 상처가 많이 아플 때는 쉽지 않으나 점차 아픈 곳이 덜 아프고 여유가 생기면서 우리는 상대방을 이해해보려고 애를 쓴다. 그 사람이 도대체 왜 나에게 그랬는지 상대 입장이 되어 생각하면서 이해하려고 노력한다. 다른 사람들과 화난 일에 대해 대화를 나누면서 좀더 객관적으로 볼 수도 있게 된다.

이렇게 점점 상대방을 이해하게 되면 당신은 마침내 연민의 감정을 느끼게 된다. 내 마음을 아프게 한 그 사람도 역시 고통에 몸부림치는 불쌍한 사람에 불과하다는 생각이 들면서 점점 마음을 내려놓게 된다. 어떤 이는 산에 올라가 개미처럼 작아 보이는 그 사람을 상상하면서 연민의 감정을 키우고, 또 어떤 이는 그 사람의 개인사나 처한 입장을 생각해보면서 연민의 감정을 키우기도 한다.

연민의 감정이 생기면 상대방을 용서할 수도 있게 된다. 물론 당신이 자신을 충분히 돌보고 난 후에야 그것이 가능할 것이다.

어떤 이들은 자신을 돌보기도 전에 상대방을 불쌍하게 생각하면서 무조건 이해하려고 하는데, 그것은 오히려 자신의 상처를 더 곪게 만든다. 자신의 마음을 잘 보살피면서 천천히 용서를 해도 된다. 그 용서는 상대방을 향한 것이기도 하지만, 내 아픈 상처가 나아가고 괜찮아지고 있다는 표시이기도 하다. 이는 내 마음이 더욱 성장했다는 증거이기도 하다.

잘잘잘 법칙으로
공감능력 키우기

사람의 마음을 얻는 것이 세상에서 가장 어려운 일이지만,
공감을 통해 빠르게 사람의 마음을 얻을 수도 있다.

모임에서 대화에 끼어들기 어려워하는 사람들이 있다. 이들은 주변 사람들과 공감대를 형성하는 것을 어려워한다. 사람들이 하는 대화 내용에 대해 잘 모르고, 어떻게 끼어들어야 할지 모르겠다고 호소한다.

이들은 보통 자신을 공감능력이 떨어지는 사람인 것 같다고 자책을 하고 주눅이 들어 있는데, 사실 이 공감능력은 타고난 능력이라기보다는 배워서 가능한 것이다. 그리고 약간의 요령만 있다면 어느 정도는 배우지 않고도 당장이라도 가능하다.

나는 심리학과 대학원 시절에 공감을 잘 못하는 학생이었다. 상담가에게 공감을 잘 못한다는 소리는 매우 자존심이 상하고 큰 상처가 될 수도 있는 이야기로, 상담 실습 시간마다 진땀을 흘리곤 했다. 그러던 어느 날 나는 공감의 비밀에 대해 알게 되었는데, 알고 보니 아주 단순했다. 그것은 잘 보고, 잘 묻고, 잘 말하는 것이다.

'공감능력의 비밀이 단지 잘 보고, 잘 묻고, 잘 말하기라니? 너무 성의 없는 대답 아니야? 그거 어린애들도 할 수 있는 거잖아?'라고 생각할 수도 있다. 그렇다. 어쩌면 이 방법은 어린아이들이 더 잘하는 방법이기도 하다. 당신도 아이였을 때 잘했을지 모르는, 그러나 어른이 되면서 잊고 있었을지도 모르는 방법이다. 그저 잘 쳐다보고, 모르면 무조건 물어보고, 느낀 대로 말하는 것에 공감능력의 비밀이 있었던 것이다. 이를 '잘잘잘 법칙'이라고 명명하자.

▌공감능력의 첫 번째 비밀은 '잘 보기'

제목이 참 싱겁게 느껴지지만 본다는 일은 그렇게 쉽지 않다. 대화를 하면서 상대방의 표정을 잘 봐야 공감이 쉬워진다. 사람들은 대화하며 상대방을 쳐다보지 않을 때가 많다. 게다가 상대방 말을 듣기보다는 내 말을 하는데 신경이 팔려 있으면 마주보고 있어도 상대방의 표정 변화나 신체반응을 잘 보지 못한다. 말만 들을 뿐이지 그 사람의 눈빛이나 표정, 음성에 나타나는 것을 보지도 못하고 느끼지도 못한다.

반면에 말을 잘하려는 생각보다 상대방을 보려고 집중하면, 상대방에게 나타나는 신체적·정서적 표현들을 잘 알아차리게 되면서 더 깊은 공감을 하게 된다. 이를테면 상대방이 슬픈 이야기를 한다고 하자. 상대방이 이야기를 할 때 목소리만 들으면 그 사람이 얼마나 슬픈지 잘 와 닿지 않을 수 있다. 그런데 눈시울이 붉어지고 목이 빨개지는 신체반응을 본다면 보지 않을 때와는 달리 그 기분을 강하게 느낄 수 있다.

상대가 손을 만지작거린다거나 어깨나 목에 힘이 들어가 있는 것을 볼 수 있다면, 그가 마음이 초조하거나 불안한 상태라는 것을 추측해볼 수 있다. 또 상대방이 슬픈 이야기를 할 때 허공을 응시한다면 지금 슬픈 감정을 억누르고 있다는 것을 짐작해볼 수 있다. 그리고 상대가 힘든 이야기를 하고 있지만 얼굴 표정이 부드러워진다면 대화를 통해 마음이 편안해지고 있음을 알 수 있게 된다. 이렇게 그 사람을 잘 보면 마음이 어떤지 공감할 수 있게 된다.

공감을 잘하기 위해서 질문을 할 때는 딱 한 가지 원칙만 알고 있으면 된다.
그것은 바로 대화를 할 때 상대방이 이야기하는 그 장면이
눈에 보일 때까지 물어보는 것이다.
가령 영화의 한 장면을 구성하려면
배역의 나이부터 배경까지 세세하게 물어봐야 한다. 대화도 마찬가지다.
공감을 잘 하려면 공감이 될 때까지
그 사람이 겪은 것에 대해 세부적으로 영상이 떠오를 때까지 물어봐야 한다.

▌공감능력의 두 번째 비밀은 '잘 묻기'

공감능력의 두 번째 비밀은 바로 잘 물어보는 것이다. 역시 너무 싱거운 방법인 것 같지만, 그래도 물어보는 것은 정말 중요하다. 그런데 이렇게 중요한 것을 사람들은 잘 하지 않는다. 대충 간단한 질문만 하고 충분히 공감하지 않은 채 지나가버린다. 이렇게 하고는 공감능력이 부족하다고 하는 사람들이 많은데, 사실 공감능력이 부족한 경우보다 잘 물어보지 않는 것이 문제인 경우가 더 많다.

내가 만난 상대가 나와 관심사나 하는 일이 다르다면, 공감대를 형성하기 위해 잘 물어보는 것은 더욱 중요해진다. 우리는 살아온 배경과 환경, 하는 일이 다른 수많은 사람들을 만나게 된다. 또한 현대사회에는 수많은 다양한 삶이 있기에 누군가를 공감하는 일은 더욱 어려워지게 되었다. 하지만 걱정할 필요는 없다. 생소한 분야의 사람을 만나더라도 문제가 안 된다. 공감이 안 되면 안 되는 것에서 출발하면 된다.

상담가인 나도 수많은 내담자들의 마음을 다 공감할 수는 없어 공감을 하기 위해 다음과 같이 질문하고는 한다. "공감이 잘 되지 않는데, 좀더 구체적으로 이야기해주시겠어요?"라거나, "공감을 좀더 해보고 싶은데, 왜 그게 그렇게 슬프게 느껴지셨어요?"라고 묻는다. 이렇게 질문을 하나 둘씩 하다 보면 점점 더 그 사람의 세계를 이해할 수 있게 된다.

공감을 잘하기 위해서 질문을 할 때는 딱 한 가지 원칙만 알고 있으면 된다. 그것은 바로 대화를 할 때 상대방이 이야기하는 그 장면이 눈에 보일 때까지 물어보는 것이다. 가령 영화의 한 장면을 구성하려면 배역의 나이부터 배경까지 세세하게 물어봐야 한다. 대화도 마찬가지다. 공감을 잘 하려면 공감이 될 때까지 그 사람이 겪은 것에 대해 세부적으로 영상이 떠오를 때까지 물어봐야 한다.

이를테면 엄마에게 매를 맞았다고 말하는 영수와 이야기를 한다고 가정해보자. 대개는 자세히 묻지 않고 그냥 짧게 한 마디만 하고 넘어간다. 그러나 이 수준에서는 깊은 공감을 하기가 어렵다. 공감이 되었다는 생각이 들지라도 너무 빠른 공감은 그저 내 주관적인 느낌일 수 있다. 비슷한 사건이라도 사람마다 처한 상황과 개인의 지각, 느낌이 판이하게 다르기 때문이다. 그래서 대충 짐작이 가더라도 공감을 잘하려면 물어봐야 한다.

다음에 소개하는 예문 1과 예문 2의 차이를 보자.

예문 1

영수: (어두운 표정) 엄마에게 맞았어요.

상담자: 그래, 속상했겠구나. 많이 아팠겠네.

예문 2

영수: (어두운 표정) 엄마에게 맞았어요.

상담자: 어떤 일이 있었니?

영수: 엄마가 컴퓨터를 끄고 일찍 자라고 했는데, 제가 방학인데 그것도 못하냐고 잔소리 좀 하지 말라고 했더니….

상담자: 그랬구나. 많이 맞았니?

영수: 네, 많이요.

상담자: 뭘로 맞았니? 몽둥이로 맞았니?

영수: 막 뺨을 때리고 발로 밟았어요.

상담자: 어휴 끔찍하구나. 많이 무섭고 속상했겠다.

영수: (눈물을 흘린다)

이렇게 좀더 질문만 하는 것으로도 상대방이 처한 상황과 입장을 훨씬 더 공감할 수 있다. 사실 많은 경우 공감능력이 떨어지기보다는 상대방에게 잘 물어보지 않아서 공감을 못하는 것이다. 질문을 하면 상대방이 불편해 할까 봐 물어보지 않는다. 물론 취조하거나 조사하듯이 물어본다거나 상대방이 하기 싫어하는 이야기를 물어보면 좋지 않을 것이다. 그러나 관심을 가지고 부드럽게 물어보는 것은 상대방이 이야기할 수 있는 기회를 주는 것이다.

부끄러운 이야기나 하기 어려운 이야기라도 상대방은 이야기를 정말 하고 싶어할 수 있다. 특히 힘든 일을 겪고 나면 더 그렇다. 상대가 불편해하는 것은 내가 좋아하지 않거나 이상하게 볼까 봐 두려워 차마 말을 하기 어려운 것이지, 이야기를 하는 것 자체를 싫어하지 않을 수 있다. 물론 이야기하기를 싫어하는 경우도 있다. 그러면 '지금은 말하기 힘들거나 싫구나.' 하고 넘어가면 된다.

공감이 안 되면 질문을 하고, 공감이 되면 공감이 된다고 하면 된다. 처음에는 공감이 되지 않아도 점점 질문하고 답하면서 서로가 알아가는 과정이 재미있을 것이다. 당신도 일상에서 어느 순간에는 공감이 될 수 있을 정도로 질문을 해봤을 것이다. 이를테면 누가 어디에 놀러갔다 왔다고 하면 이것저것 물어봤을 것이다.

▌ 공감능력의 세 번째 비밀은 '잘 말하기'

내가 생각해도 허무한 제목의 연속이다. 그래도 어쩔 수 없다. 공감능력의 세 번째 비밀은 잘 말하는 것이다. 상대방에게 공감이 되었으면 되었다고 말하는 것이다. 내가 공감한 것을 표현해야 상대방도 공감받았는지를 알게 된다. 공감이 되지 않았으면 되지 않았다고 표현해도 좋다. 그것이 출발점이 되어 서로 더 물어보면서 공감에 이를 수 있다. 공감이 되면 공감이 된다고 표현하면 된다.

공감을 표현하는 방법은 신체감각을 개방하는 것, 감정을 개방하는 것, 이 둘 모두를 개방하는 것, 이렇게 세 가지다. 신체감각을 개방하면 상대방이 공감하기가 쉽고 표현이 생생해서 잘 와 닿는다. 예를 들어 친구가 공포 영화에 대해 설명하는데 무서운 것이 잘 공감되었다고 하자. 이때 나는 친구가 설명한 영화 내용에 대해 여러가지 공감을 할 수 있다. "듣고 보니 정말 무섭다." 하고 감정만 개방할 수 있고, "네 이야기 들으니까 아주 머리털이 바짝 선다, 서!"라고 신체감각을 표현할 수도 있다. 신체감각을 표현하는 쪽이 훨씬 더 생생하다. 다른 예로, '손발이 오그라든다.' '소름이 돋는다.' '똥줄이 탄다.' '간이 콩알만 해졌다.'와 같은 표현들이 있다.

나는 상담을 할 때 내담자가 하는 말을 잘 들을 뿐만 아니라, 내 몸에서 일어나는 변화도 관찰하고는 한다. 내담자의 이야기를 듣다가 때로는 머리로는 어떤 단어가 떠오르지 않아도 몸으로 반응이 나타날 때가 있다. 슬픈 이야기를 듣는데 가슴이 뭔가 싸르르하다거나, 고통스런 이야기를 듣는데 아랫배가 긴장된다거나 하는 등 내 몸은 그 사람 이야기에 다양한 반응을 한다. 이때 몸에서 느껴지는 것을 바로 개방해도 좋다. 이를테면 "그 이야기를 들으니까 아랫배가 긴장이 되고 가슴이 답답해지네요. 듣는 저도 그런데 직접 겪으신 본인은 정말 힘드셨겠어요."라고 말하는 것이다.

▎공감은 사람의 마음을 얻는다는 것

그 사람을 바라보고, 이야기를 잘 듣고, 바로바로 궁금한 것을 물어보면서 내가 느낀 것을 표현하는 과정은 그 사람을 깊이 느끼는 과정이다. 그저 잘 바라보기만 해도 그 사람의 존재를 느낄수가 있다. 몸의 긴장을 풀고 숨을 잘 쉬면서 상대방을 바라보라. 그냥 대충 볼 때와는 느낌이 많이 다를 것이다. 그렇게 바라보면 어떤 이는 굉장히 고마워하기도 한다. 다른 것을 떠나서 내가 마음을 다해 바라봐준 것만으로도 상대방이 굉장히 고마워할 때가 있었다.

우리는 살다 보면 굉장히 외로워져 누군가가 내 마음을 알아주기를 바라는 때가 있다. 그럴 때 내 마음을 알아주는 사람이 있다면 얼마나 행복한가? 더 나아가 내가 모르던 내 감정까지 알아주면 형용할 수 없는 고마움을 느끼기도 한다. 위로까지는 아니더라도 공감을 받으면 그 사람이 좋게 느껴지고 짧은 시간을 만났어도 가까운 사이처럼 느껴질 수도 있다. 사람의 마음을 얻는 것은 가장 어려운 일이지만 공감을 통해 빠르게 마음을 얻을 수도 있다.

이런 위력을 발휘하는 공감은 단순한 세 가지 법칙으로 충분하다. 잘잘잘 법칙으로 몇 번만 해보면 당신이 어린아이였을 때 호기심 가득한 맑은 눈으로 해왔던 것을 금세 회복할 수 있을 것이다.

"당신은
참 괜찮은 사람입니다!"

저는 어린 시절부터 수줍음이 많아 남들 앞에 서는 일이 참 힘들었습니다. 학창 시절에 교과서를 읽거나 노래를 불러야 할 때면 진땀이 나고 숨을 쉬기가 어려웠습니다. 가끔은 손이 떨려서 남들 앞에서 글씨를 쓰거나 젓가락을 드는 일도 쉬운 일이 아니었습니다. 대학시절에는 단과대 가요제를 나갔는데, 긴장한 나머지 기타 줄을 제대로 튕기지 못해 속상했던 기억도 있습니다. 글을 쓰는 일도 마찬가지였습니다. 남들 눈치를 많이 봐서 한두 줄 쓰기조차 어려웠습니다. 그러면서도 남들 앞에서 나서서 뭔가를 표현해보고 싶은 욕심이 많았기에 더 고통스러웠습니다.

그러던 제가 책을 낸다는 것이 참 놀랍고 신기한 일입니다. 오래 전에는 이런 일을 할 수 있으리라고는 상상도 하지 못했습니다. 내가 무언가 잘할 수 있다는 믿음이 생긴지는 그리 오래되지 않았습니다. 안데르센의 동화 『미운 오리 새끼』에 나오는 그 오리처럼, 전 남들을 부러워하고 내 자신을 부끄러워하던 사람이었습니다. 그런데 감사하게도 어느 날인가부터 나를 괜찮게 느끼게 되었고, 점점 용기와 자신감이 생겨나게 되었습니다. 뭔가를 시도하는 일을 두려워하지 않게 되었고, 크고 작은 것들에 도전해보고 경험을 쌓으면서 내가 할 수 있는 것들이 많아지게 되었습니다.

그 가운데에는 '사랑'이 있었습니다. 내게 "괜찮아." 하고 말해주던 사람들이 많았습니다. 뭔가를 바꾸고 고치라고 한 사람보다 내가 덜덜 떨며 노래부를 때 같이 떨면서 노래를 불러주거나, 내가 어떤 말을 해도 잘 들어주고 웃어주던 사람들이 나를 변화시켰습니다. 특히 나를 가장 있는 그대로 사랑해준 아내가 큰 힘이 되었습니다.

심리학 공부를 하고 그룹상담에 참여해서 경험했던 것들을 한마디로 요약하면, 나는 괜찮다는 것이었습니다. 물론 나는 항상 그대로 있었지만, 스스로가 괜찮다고 느끼고 나서야 내가 가진 잠재력을 발휘할 수 있었습니다.

심리상담가로서 세상에 첫 걸음을 내딛었던 것은 2003년도에 '이미 아름다운 당신'이라는 다음 카페를 만들면서부터였습니다. 당시 제가 쌓은 경험을 바탕으로 사회공포를 가진 사람들을 모아 그룹상담을 시작하게 되었고, 그 상담에 참여했던 사람들이 함께 대화하고 격려하는 공간을 꾸리기 시작했습니다. 그러다 2007년도에 다시 같은 이름으로 카페를 새롭게 만들면서 본격적으로 대인관계에서 고통을 겪는 사람들과 많은 일들을 하기 시작했습니다. 그룹상담, 정기모임, 독서모임과 같은 각종 소모임을 진행하면서 서로가 가진 경험과 노하우를 나누었습니다. 그러면서 모임은 점점 성장하게 되었습니다.

이 책은 그 안에서 수많은 사람들이 질문하고, 답하며, 길을 찾는 가운데 나오게 된 결실입니다. 지적인 대화를 넘어 가슴 아픈 사연들을 나누고 위로했던 시간들의 기록입니다. 서로가 괜찮은 사람이라는 것을 발견해주고, 함께 성장해가던 역사의 흔적들이기도 합니다. 그 안에서 얻은 수많은 지혜와 기쁨들을 다 옮겨 적지 못하는 게 참으로 아쉽습니다. 아직도 많이 모자른 것 같은 마음 때문에 세상에 선을 보인다는 게 민망스럽고 부끄럽지만, 이 책을 통해 마음이 편안해지고 즐거워지시는 분이 있기를 희망합니다.

이 책에 자신의 사연이나 경험을 추가해주시길 원하시거나,

책에 대해 조언해주시고 싶은 분이 있다면 언제든지 soulmate_raami@hanmail.net으로 메일을 보내주시면 고맙겠습니다. 읽고 좋았던 부분이나, 관련된 경험, 또는 잘 이해되지 않는 부분을 말해주셔도 좋습니다. 생명을 얻은 이 책을 함께 키우고 만들어나가는데 많은 분들이 참여해주셨으면 좋겠습니다.

끝까지 읽어주셔서, 정말 감사합니다.

『관계를 회복하는 용기』
저자와의 인터뷰

Q 『관계를 회복하는 용기』를 소개해주시고, 이 책을 통해 독자들에게 전하고
   싶은 메시지는 무엇인지 말씀해주세요.

A 이 책은 제 성장기록이기도 합니다. 살아오면서 인간관계에
   서 좌충우돌하고 숱한 불면의 밤을 새우면서 깨달은 것들을
   담았습니다. 많이 미숙하고 부족했던 덕택에 많이 배우기도
   하고 이야깃거리도 많이 생겨서 이 책을 내게 됐습니다.

   저는 무엇보다도 인관관계에서 다른 사람이 아닌 '나'인 그대
   로 살라는 말씀을 드리고 싶습니다. 내 감정과 욕구에 따라
   나를 받아들이고 자아실현을 하게 되면 점차 타인에게 마음
   도 열리게 되고, 그 마음으로 인간관계는 저절로 좋아진다는

것이 전하고 싶은 메시지입니다.

Q 심리적인 고통의 대부분이 관계에서 비롯된 것이라고 합니다. 관계로 인한 심적 고통에는 주로 어떤 것들이 있나요?

A 사실 대부분의 정신과적 문제가 관계 때문이라고 볼 수 있습니다. 가장 흔한 것이 우울증인데, 다들 아시는 것처럼 고부관계나 직장에서의 인간관계에서 문제가 생기고 그 과정에서 스트레스를 풀지 못하고 쌓아두면 화병이 되죠. 그리고 자신과의 관계가 좋지 않으면 공황장애가 생기기도 합니다. 자신을 친절하게 대하고 돌봐야 하는데, 자신의 감정과 욕구를 억누르면서 과업 중심으로 살다보니 스트레스가 몸으로 나타나는 거죠.

Q 관계에서 일어나는 문제를 잘 들여다볼 때 미해결된 과제가 무엇인지 발견할 수 있다고 하셨습니다. 미해결된 과제란 어떤 과제를 말하는 건가요?

A 제가 다른 사람의 비판을 받으면 몹시 예민해지곤 하는데, 이를테면 누가 내게 할 만한 지적을 하는데도 그것이 몹시 서운해지고 화도 나는 거예요. 누군가에게 이해받고 싶은 욕구가 매우 강하다는 걸 알게 되었죠. 나는 왜 그렇게 이해받고 싶을까를 생각하다 보니 성장과정에서 부모님이나 학교 선생님들과의 관계에서 쌓인 앙금과 응어리를 발견하게 되었

습니다. 그게 위염처럼 마음속에 남아 있으니 음식물이 들어올 때 통증이 생기는 것처럼 마음도 불편해졌던 것이죠.

Q 이웃, 친구는 물론이고 가족이나 연인 사이에서도 자신의 약점을 드러내지 못하는 사람들이 많습니다. 약점을 감추고 싶어하는 심리적 배경은 무엇인가요?

A 우리가 약육강식의 경쟁사회를 살아가고 있기 때문에 약해 보이면 남에게 짓밟히거나 무시당할 것 같다는 두려움이 큰 것 같아요. 남자가 눈물을 흘리면 나약하다고 욕하고 심지어는 때리는 어른들이 있기도 하고, 최근에는 학교 폭력이 심해져서 약하면 당한다는 인식이 늘어가는 것도 이에 해당하는 것 같습니다. 거기에 정신적 문제에 대한 사회적 인식도 한몫을 하는 것 같아요. 정신이상자나 못난 사람으로 취급될까 봐 두려운 거죠.

Q 재미있게 말해야 한다는 부담, 그리고 남들의 말에 잘 웃어야 한다는 부담이 우리를 억누르고 있습니다. 웃음의 강요에서 벗어나는 해결책은 무엇인가요?

A 우선, '왜 꼭 재미있어야 하지?'라고 반문하는 게 도움이 됩니다. 웃음은 소통이 될 때 저절로 나오는 선물과도 같은 것인데, 소통은 생각하지 않고 억지로 웃고 웃기려는 건 아주 이상하고 노력해도 잘 되지 않는 게 당연합니다. 반대로 소통을

중요하게 생각해 공감대를 찾으려고 하면 웃음은 저절로 따라옵니다. 제가 지금 배가 고파서 '꼬르륵' 소리가 나면 상대방이 자신도 지금 배고프다고 말하면서 둘 사이에 화학적 반응이 일어나 웃음이 나오는 거죠.

Q 상대의 부탁을 거절하면 상대가 자신에게 실망할까 봐 걱정하는 사람들이 많습니다. 거절을 잘하려면 어떻게 해야 하나요?

A 거절을 잘 하려면 거절이 관계를 나쁘게 하는 것이 아니라 오히려 더 좋게 한다는 것을 알면 됩니다. 그리고 관계가 잠시 불편해져도 괜찮다고 말해주고, 한 번이라도 실제로 괜찮다는 걸 겪어보게 되면 거절을 할 수 있습니다.

상대방 마음을 상하지 않게 거절하는 것이 요령인데요, 그때는 내가 어떤 이야기를 들으면서 거절을 당해야 마음이 덜 상할지 입장을 바꿔 생각해보면 답이 나옵니다. YES, NO가 중요한 것이 아니라 거기에 담긴 좋은 마음이 전해지면 되지 않을까요?

Q 원하지 않아도 싸움을 해야만 할 때가 있습니다. 타인들과 잘 싸우며 친밀하게 살아가는 방법을 알려주세요.

A 우선 많이 싸워봐야 합니다. 경험만큼 좋은 선생님은 없죠. 저 또한 경험을 통해서 배웠습니다. 제 노하우를 하나 공개하

자면, 말하기 전에 숨을 고르고 몸 상태를 최대한 편안하게 한 후에 내가 듣고 싶은 말을 상대방에게 해주는 것입니다. 상대가 내 마음을 알아주길 바라는 것처럼 상대방의 마음이 어떨지 살피고 그걸 알아주는 거죠. 내 고통만 이야기하는 게 아니라요.

Q 용서는 상대방을 위한 것이 아니라 '나'라는 우주를 확장시키기 위한 노력이라고 하셨습니다. 언뜻 들으면 추상적인데, 이해하기 쉽게 자세한 설명 부탁드립니다.

A 우리는 용서를 하는 과정에서 내게 고통을 준 그 사람이 도대체 왜 그랬는지를 많이 생각하게 됩니다. 그러면 그 사람이 처한 입장이나 살아온 삶도 생각하게 되고, 나아가 그를 둘러싼 환경이나 사회 문제에 대해서도 눈을 뜨게 됩니다. 그러면서 점점 상대방에 대한 연민이 커지고 '어떻게 그럴 수 있어?'가 '그럴 수 있었겠다.'로 바뀌어 내 마음도 편해지고 상대방에 대한 마음이 점점 편해지며 용서하게 됩니다. 결국 상대방을 이해하는 과정은 입체적으로 상황과 본질을 파악하게 되는 고도의 정신과정이기도 하고, 내 마음을 다스리면서 상대방을 포용하는 과정을 통해 마음의 그릇이 커지는 과정이라고 볼 수 있습니다.

Q 1:1 상황이나 모임 자리에서 할 말이 없어 부담스러워하는 사람들을 위해 '나타남을 신뢰하기'란 방법을 추천하셨는데 구체적으로 어떤 개념인가요?

A 나타남을 신뢰하기란 몸과 마음에서 떠오르는 신체감각, 환경에서 지각한 것, 생각이나 감정, 욕구를 거르지 않고 알아차려 말하는 법을 말합니다. 무엇을 말하려고 애쓰는 게 아니라 그때그때 떠오르는 것을 말하는 것으로, 이는 나 자신을 있는 그대로 수용하는 과정이기도 합니다. 솔직하게 말했을 때 어떤 일이 일어날지는 모르지만, 그 결과를 있는 그대로 받아들입니다. 상대방이 좋게 반응하리라고 믿는 게 아니라, 솔직하게 표현해서 좋지 않을 수 있어도 괜찮다고 허용하는 거죠. 무엇이든 괜찮다고 여기며 내가 어떻게든 잘 헤쳐나가리라는 것을 믿는 것을 말합니다.

Q 잘잘잘 법칙으로 주변 사람들과의 공감대를 형성할 수 있다고 하셨습니다. 잘잘잘 법칙에 대해 소개해주세요.

A 잘잘잘 법칙은 잘 보고, 잘 묻고, 잘 말하는 법칙입니다. 첫째로 '잘 보는 것'은 상대방의 표정이나 행동을 유심히 보면 그 사람의 심정도 잘 느낄 수 있습니다. 사람들이 상대방을 보지 않고 말하는 경우가 많아서 잘 보기만 해도 공감하기가 쉬워집니다. 둘째로 '잘 듣는 것'은 육하원칙으로 꼼꼼하게만 물어봐도 장면이 생생하게 그려지면서 저절로 공감이 되는 것을 말합니다. 상대방이 겪은 상황을 드라마처럼 재구성하면

공감능력은 저절로 키워집니다. 셋째로 '잘 말하는 것'은 특별한 기술 없이 내가 느낀 것을 그대로 표현하는 것입니다. 이전에 잘 물어봐서 상대방에게 공감되면 잘 말하는 일은 저절로 이루어질 것입니다.

스마트폰에서 이 QR코드를 읽으시면
저자 인터뷰 동영상을 보실 수 있습니다.

* 소울메이트(www.1n1books.com)에서 상단의 '미디어북스'를 클릭하시면 이 책에 대한 더
   욱 심층적인 내용을 담은 '저자 동영상'과 '원앤원스터디'를 무료로 보실 수 있습니다.
* 이 인터뷰 동영상 대본 내용을 다운로드받고 싶으시다면 원앤원북스 홈페이지에 회원
   으로 가입하시면 됩니다. 홈페이지 상단의 '자료실-저자 동영상 대본'을 클릭하셔서
   다운받으시면 됩니다.

인간에 대한 위대한 통찰

몽테뉴의 수상록

몽테뉴 지음 | 안해린 편역 | 값 13,000원

가볍지도 과하지도 않은 무게감으로 몽테뉴는 세상사의 다양한 주제들에 대해 본인의 견해를 자신 있고 담담하게 풀어낸다. 이 책을 읽으며 나의 판단이 바른지, 내가 지금 제대로 살고 있는지, 앞으로 어떻게 살아야 하는지 등을 수없이 자문해보자. 원초적인 동시에 삶의 골자가 되는 사유를 함으로써 의식을 환기하고 스스로를 성찰하며 인생의 전반에 대해 배우는 계기가 될 것이다.

섭식장애로 고통받는 사람들에게 용기를 주는 책

섭식장애로부터 회복에 이르는 길

캐롤린 코스틴, 그웬 그랩 지음 | 오지영 옮김 | 값 16,000원

섭식장애 전문가인 캐롤린과 그웬이 섭식장애로 힘들어하는 사람들에게는 용기를, 전문가들에게는 필요한 정보를 명쾌하게 알려주는 책을 출간했다. 섭식장애에서 진정으로 회복하기 위해 전문치료사인 저자들은 실제로 겪은 경험이나 다른 사람에게 도움을 준 과정들을 투명하고 독특한 관점으로 제공한다. 회복에 거부감이 들거나 치료를 두려워하는 사람들이 희망을 품을 수 있는 좋은 기회가 될 것이다.

내 삶의 주인으로 사는 법

에픽테토스의 인생을 바라보는 지혜

에픽테토스 지음 | 키와 블란츠 옮김 | 값 13,000원

이 책은 에픽테토스의 『엥케이리디온Encheiridion』을 영국의 고전문학가 조지 롱이 영어로 번역한 것을 토대로 했다. '엥케이리디온'은 핸드북 또는 매뉴얼이라는 뜻으로, 당면한 현실에서 무엇을 얻고 무엇을 버릴 것인지 선택할 권한을 가진 자가 바로 삶의 주인임을 강조한다. 에픽테토스의 지혜가 담긴 이 책은 이 시대를 살아가는 현대인들에게 삶의 태도와 방향을 정하는 길잡이가 되어줄 것이다.

서울대 최종학 교수와 함께 떠나는 문화기행

마흔, 감성의 눈을 떠라

최종학 지음 | 값 17,000원

이 책은 문화와 예술을 즐기고 싶어하는 사람들을 위한 지침서다. 저자는 이 책에서 음악·미술·영화·여행 등 다양한 분야에 걸쳐 여러 이야기를 풀어놓는다. 실제 해당 작품을 감상하거나 여행을 한 후 며칠 이내에 적은 것들이라 생생한 현장감이 가득하다. 이 책을 통해 바쁜 일상에서 벗어나 저자와 함께 문화여행을 떠나는 느낌을 받을 수 있을 것이다.

우리가 미처 몰랐던 서애 류성룡의 진면목

류성룡의 말

류성룡 지음 | 강현규 엮음 | 박승원 옮김 | 값 15,000원

서애 류성룡이 직접 했던 말을 살펴봄으로써 그는 과연 누구인지 들여다보고자 한다. 그리고 왜 지금 한국사회에 류성룡과 같은 리더가 필요한지에 대한 답을 얻고자 한다. 국난을 맞아 애국과 위민의 가치를 잃지 않고 불철주야 나라를 위해 온몸을 바쳤던 류성룡의 활약상과 인간적 면모가 어떠했는지 살펴보며, 현대인들에게 귀감이 될 만한 역사 속 영웅 류성룡의 말과 행동을 통해 앞으로 나아갈 길을 모색할 수 있을 것이다.

누구나 쉽게 이해하는 서양고전 독법

살아가면서 꼭 읽어야 할 서양고전

윤은주 지음 | 값 15,000원

이 책은 현대인들이 지혜롭고 현명하게 이 시대를 살아가기 위해 도움을 준다. 플라톤의 『향연』, 토마스 홉스의 『리바이어던』, 안토니오 그람시의 『옥중수고』 등 15편의 서양고전을 통해 사랑과 행복, 도덕론, 정치, 대중, 교육 등 우리 사회를 관통하는 굵직한 맥락들을 한눈에 알아볼 수 있다. 개념이나 하나의 문장마다 학문적으로 분석하며 읽기보다는 그저 옛날이야기를 듣듯이 읽어보자.

디자인을 넘어서는 사진 구성을 생각한다

원하는 사진을 어떻게 찍는가

김성민 지음 | 값 17,000원

우리의 일상생활 속에서 사진 구성 방법론을 쉽고 재미있게 이해하는 데 도움을 주는 책이다. 사진 메시지를 명확하게 표현하기 위해서는 프레임 안에 있는 요소들을 적절하게 관계 짓는 사진 구성 방법을 터득해야 한다. 탄탄한 이론과 사진가로서, 전시기획자로서의 현장 경험을 체득한 저자는 폭넓은 사진 구성 지식을 한 권의 책으로 오롯이 담아냈다.

열등감과 우월감에 대한 아들러의 메시지

위대한 심리학자 아들러의 열등감, 어떻게 할 것인가

알프레드 아들러 지음 | 신진철 편역 | 값 13,000원

지그문트 프로이트, 칼 융과 함께 세계 3대 심리학자로 손꼽히는 알프레드 아들러는 이 책에서 현대인에게 열등감과 우월감에 대한 메시지를 전한다. 열등감은 도대체 어디에서 비롯되는 것일까? 그리고 열등감이란 감정이 과연 나쁘기만 한 것일까? 또한 열등감과 우월감의 차이는 무엇인가? 이 책에 그 해답이 담겨 있다. 아들러는 중요한 것은 열등감 그 자체의 문제가 아니라 열등감을 대하는 태도라고 말한다.

행복을 부르는 감정조절법

왜 나는 감정 때문에 힘든 걸까

김연희 지음 | 값 14,000원

감정이란 무엇이고, 어떻게 해서 생겨나며, 감정을 효과적으로 잘 처리하는 방법은 무엇인지 뇌과학·진화심리학·정신건강의학·정신분석학적 지식에 바탕을 두고 소개하는 책이다. 이 책은 크게 3단계에 걸쳐 감정을 이해하고, 분석하고, 대처 방법을 살펴본다. 각 단계별로 읽으며 감정을 알아가다 보면 복잡해 보이기만 하던 주변 문제와 상황을 해결할 수 있는 실마리를 찾을 수 있을 것이다.

인물 드로잉, 손쉽게 따라 그릴 수 있다

누구나 쉽게 따라 하는 인물 스케치 작품집

김용일 지음 | 25,000원

출간 즉시 중국에 판권을 수출하는 등 독자들의 사랑을 받아온 『누구나 쉽게 따라 하는 인물 스케치』의 작품집이 출간되었다. 책 크기가 작아 따라 그리기 쉽지 않았을 독자들을 위해 책 판형을 크게 키우고 과정작을 한눈에 볼 수 있도록 배치했다. 인물화 작품 크기가 시원하게 커진 덕분에 묘사의 정도, 질감의 표현, 공간감 등을 알기가 쉬워져 따라 그리기 편하다.

제대로 공감하면 모든 것이 달라진다!

모두가 행복해지는 공감 연습

김환 지음 | 값 14,000원

공감을 누구나 연습할 수 있는 하나의 기술로 이해하고 실제 삶에서 공감을 구현하기 위한 구체적인 기술을 연습할 수 있도록, 정통파 심리상담 전문가이자 공감 대화 전문가인 김환 교수가 쉽고 간명한 문체로 풀어나간 책이 발행되었다. 인간은 누구나 타인에게 공감할 수 있는 기본 능력을 갖추고 있으므로 용어를 암기하며 새롭게 배울 필요는 없다. 이 책을 통해 공감을 몸에 밸 때까지 충분히 연습해보자.

화에 대한 인류 최초의 고전

세네카의 화 다스리기

루키우스 안나이우스 세네카 지음 | 정윤희 편역 | 값 13,000원

이 책은 후기 스토아철학을 대표하는 고대 로마의 철학자 루키우스 안나이우스 세네카가 화를 잘 내는 자신의 동생 노바투스에게 전하는 서간문 형태의 책 『화다스리기De Ira』를 편역한 것이다. 인간에게 화가 왜 불필요한지, 화라는 감정의 실체는 무엇인지, 화의 지배에서 벗어나 화를 통제하고 다스리는 법은 무엇인지를 다양한 예화를 통해 이해할 수 있을 것이다.

풍경 스케치, 이보다 더 쉬울 수 없다

누구나 쉽게 따라 하는 풍경 스케치

김규리 지음 | 값 25,000원

이 책은 그리는 단계를 최대한 세부적으로 설명함으로써 완성된 결과물로 자연스럽게 이어지도록 했다. 또한 풍경 스케치의 기초 지식을 설명하는 데 많은 부분을 할애했다. 연필을 잡는 법에서부터 선을 쓰는 법, 여러 가지 풍경 개체를 그리는 법, 구도를 잡는 법까지 다루어 기본기를 충실히 익힐 수 있도록 했다. 거의 모든 소재를 다룸으로써 어떤 풍경을 마주하더라도 당황하지 않고 자신 있게 그릴 수 있을 것이다.

우리가 미처 몰랐던 영조대왕의 진면목

영조의 말

영조 지음 | 강현규 엮음 | 박승원 옮김 | 값 13,000원

조선시대 중흥기를 이끈 제21대 왕 영조, 이 책은 영조가 직접 했던 '말'을 살펴보며, 과연 영조는 어떤 왕이었는지, 나아가 영조의 인간적 면모는 어떠했는지를 객관적으로 알아보고자 한다. 여러 사료를 참고해서 백성과 관리, 가족, 자기관리, 정책 등에 대해 영조가 남긴 말들을 한 권의 책으로 엮었다. 리더라면 누구나 알고 있는 애민(愛民)과 위민(爲民)의 기본 정신을 절절히 일깨우는 생생한 어록이다.

술로 고통받는 사람들과 가족들을 위한 70가지 이야기

왜 우리는 술에 빠지는 걸까

하종은 지음 | 값 16,000원

알코올중독에 대한 이해부터 치료 방법, 극복 방법, 극복 과정에 이르기까지 알코올중독에 관한 모든 것을 한눈에 볼 수 있도록 정리한 지침서다. 알코올중독이란 과연 무엇인지, 알코올중독에서 회복하려면 어떤 과정을 거쳐야 하는지, 알코올중독과 다른 정신과적 질병과의 관계는 어떠한지, 알코올중독도 유전이 되는지 등 전문가에게 의뢰하지 않고는 쉽사리 알기 어려웠던 알코올중독의 원인부터 대안까지 상세히 다룬다.

스마트폰에서 이 QR코드를 읽으면
'소울메이트 도서목록'과 바로 연결됩니다.

독자 여러분의
소중한 원고를 기다립니다

소울메이트는 독자 여러분의 소중한 원고를 기다리고 있습니다. 집필을 끝냈거나 혹은 집필중인 원고가 있으신 분은 khg0109@hanmail.net으로 원고의 간단한 기획의도와 개요, 연락처 등과 함께 보내주시면 최대한 빨리 검토한 후에 연락드리겠습니다. 머뭇거리지 마시고 언제라도 소울메이트의 문을 두드리시면 반갑게 맞이하겠습니다.